零下任務

目錄 CONTENTS

PART C 歷險與愁緒

PART D 南極歲月

PART E 我們的發現

推薦序

得來不易的南極體驗

國立海洋生物博物館館長　王維賢

南極大陸面積一千三百九十萬平方公里，是臺灣面積的三百八十六倍。它位於地球的正下方，對地處北半球的我們而言，南極在空間距離上相當遙遠。嚴峻的天候條件及地理上的隔絕，使得南極人跡罕至，世界的盡頭應是對南極相當貼切的形容。一九五九年美、英等十二國在華盛頓簽署的《南極條約》明確闡述南極洲為全人類所共有，而且只限於從事和平及科學研究活動。這項條約使南極大陸免於過度的人為活動、資源擷取及開發利用的負面影響，使得這塊廣闊冰封的白色大陸，得以成為地球上碩果僅存的一片淨土。

國立海洋生物博物館（以下簡稱「海生館」）於二〇〇〇年開館，藉由結合海洋環境與生態的展示規劃概念，以寓教於樂的方式，提供民眾對臺灣四周海域，乃至世界各水域生物及其棲息環境的認識，拓展國人的海洋知識及海洋自然

生態保育觀念。

「極地海域」是海生館的展示主題之一，透過實體與數位搭配的展示手法，呈現極地的海洋生物及環境生態。然臺灣地處亞熱帶，對極地的調查研究不易推動，極地環境的體驗更是罕見。在偶然的機緣下，經由大陸前海洋局第二海洋研究所研究員，現任教於浙江萬里學院的王自磐教授熱心的穿針引線，開啟了兩岸在極地科學考察交流的契機。二〇〇八年底，正修科技大學方力行講座教授、國際事務處鄭舜仁處長、東華大學柯風溪所長以及本人一行四人，首度赴大陸海洋局極地辦公室訪問，拜會負責推動全大陸極地科學考察工作的曲探宙主任及其幕僚團隊，洽談合作與交流事宜，並獲得極地辦公室熱情的支持與回應，此次拜會亦促成了翌年四月極地科學考察船雪龍號的訪臺之行，當雪龍號緩緩駛入高雄港時，也寫下歷史性的一章，這是海峽兩岸六十年來首度有官方船隻的交流。

二〇〇九年十月，本館研究人員郭富雯登上雪龍號勇闖南極，歷時五個月而返；同年十一月本館林家興博士及正修科技大學許廷煒先生則搭機經美國洛杉磯、智利彭塔抵達南極大陸，先後兩梯次循不同路線、以不同交通工具赴南極考察，除採集許多寶貴的標本，也累積了豐富的影像及文字紀錄，更難得的是提供臺灣科學家南極科考的實地體驗。二〇一〇年由林嘉瑋博士前往，二〇一一年則有何宣慶博士與中山大學博士生張祐嘉接棒赴南極進行科考工作。每一梯次的研

究人員，除執行規劃的研究工作外，亦充分利用時間蒐集資料、採集標本、赴各國研究站參訪交流，將有限的考察時間發揮最大的效益。

全球暖化問題日益嚴重，極地冰帽融化可能導致的環境生態危機已引發全世界的矚目，臺灣既為地球村的一分子，理應為此課題付出關切。海生館推動南極科學考察，致力於海洋生物及海洋資源的調查研究，除了充實館藏及展示題材，更大的意義應是為極地海洋生物學術研究貢獻綿薄之力，也使臺灣在此重要議題上不致缺席。

本書完整呈現臺灣科學家前進南極從事科學考察的過程，包括前進南極旅程的艱辛、科學考察的點滴、南極生活見聞與心情等詳實記錄，與讀者分享，也為參與南極科考的同仁們留下雪泥鴻爪，畢竟這是研究生涯中一項難得的歷程。

最後，在此衷心向大陸海洋局極地辦公室曲探宙主任及同仁們全力的協助致上最大的謝意，也藉此謹向方力行講座教授、王自磐教授、親赴南極的研究人員、幕後支援的研究及行政團隊，包括海生館、正修科技大學、東華大學及中山大學表達敬意。唯有團隊目標一致的共同努力，方得以順利推動此一艱鉅工作，也為臺灣參與南極的科學考察邁出具有重大意義的一步。

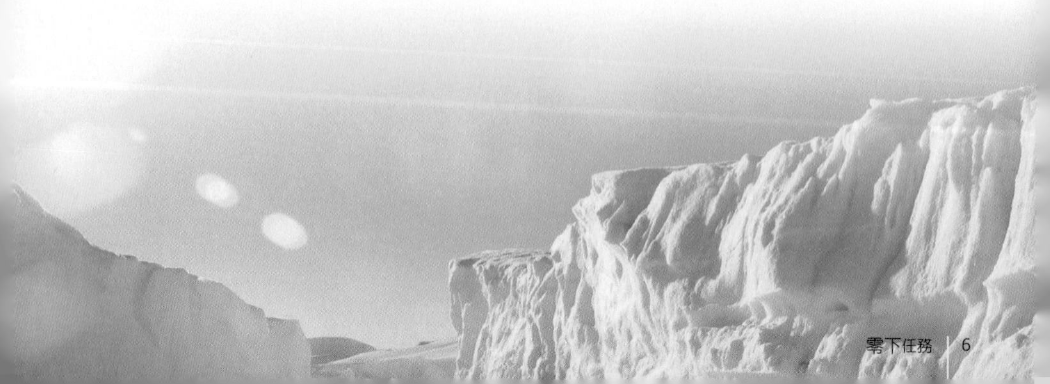

導讀

南極，我來了！

前國立海洋生物博物館館長　方力行

世界上有些地方你永遠無法弄清楚，就像沒法對夏天的蟬說明冬天有多寒冷一樣，看簡介不行，看影片不行，看浮光掠影的遊記一樣不行，除非講故事的人真正在那個特殊的環境中生活過、工作過、體驗過，對所有的細節點滴在心頭，譬如南極。

從一九九〇年代末期，全球暖化成為人類真實的夢魘開始，「南極」變成世界最時髦的名詞之一。融解的冰山、企鵝的命運、成千上百新物種的發現，各國在南極競相研究的成果，甚至特殊而奢華的南極旅遊，無不成了科學、新聞與流行的話題。

但是平心而論，對臺灣而言，除了隨人道短長的時尚感以外，政府有計畫、有目標，有做法的去了解南極這一塊地球上最後處女地的規畫，幾乎是零；在這

個現今最主要的科學舞臺上，我們其實只是大時代洪流邊緣的旁觀者而已。

不過科學是沒有國界的，求知的心是沒有藩籬的，雖然南極探險需要強大的國力或地緣，外在環境全然不利於臺灣進行此一領域的研究，但是仍有極少數的科學家卻從來沒有放棄過對南極研究的夢想，就像冬眠中的種子般，一直懷抱著發芽的希望，期待有朝一日，春和景明，終能破土而出，開枝散葉，蔚然成林。

二〇〇八年，漫長的等待，曙光乍現，在兩岸政府促進教育、科學、文化交流的政策，並且非常善意而特殊的協助下，大陸極地研究的旗艦「雪龍號」破冰船於二〇〇九年四月一號，突破所有禁忌與限制，首度拜訪高雄港，並正式開啟了海峽兩岸共同探究極地之門。

但是臺灣究竟要做什麼樣的研究才能把握這珍貴的機會，發揮自己的所長，從先進國家中已有的南極研究中，殺出一條血路？參與此次計畫的三個機構：國立海洋生物博物館、正修科技大學及東華大學，就各項專長，詳予討論後，訂下了三個目標：（一）建立海生館南極標本館藏，供臺灣社會參觀利用。（二）現今的生物科技研究領域中，自特殊生物體內研發天然化合物，尋找抗病新藥，蔚為主流，而南極的生物極少人能獲得，海生館在這方面的技術又屬全球領先群，兩者結合，有所成就的機會就很大了。（三）環境汙染一直是世界關注的主要議題，南極又是人類認為世界上最後一塊淨土，正修科技大學環境檢驗中心對持久

性有毒有機汙染物（如戴奧辛）的研究檢驗能力，已是國際認證的知名機構，若藉此次機會調查南極生物與環境的汙染狀況，進而有所發現，意義非凡。

目標既定，整裝而發，勉力以赴，終有所成。不同於一般南極寫景、寫心情、寫冒險的書籍，本書忠實而且第一手報導了中華民國首次由博物館、兩所大學共同組成的研究團隊登陸南極，與大陸優秀的科學家及專技人員密切合作，研究考察的過程與成果，文中不但有許多有趣的生活經歷、特殊境遇、好奇又忐忑的心情，而且最後所發現的許多新物種、發掘的新知識，更可能成為未來重大科學研究的基石。

不過就像所有令人愛不釋手的書籍一樣，書中真正觸動讀者的情感，還是稀有、曲折、艱困、特殊的冒險旅程，以郭富雯為主、林家興和許廷煒先生為輔的三位先遣學者親身經歷，透過毫不虛飾的信實文字，讓我們得以坐在家中，神遊了一趟深度的南極之旅。

從行前會議和海上釣魚開始，作者先讓我們體會了在野外尋覓自然生命，總是引人好奇的生物採集經驗，然後非常難得的，居然可以詳細參觀了中山、長城研究站以外的澳洲、俄羅斯、印度以及智利、韓國等多個國家的極地工作站，這些描述鮮活的反映了不同國家的國力和做事態度。

南極的風險是一定要提的，在層層規範和諄諄告誡下，研究人員還是遇到了

驚險的冰山崩塌、冰隙裂開及船筏漂流受困等危機，好在都幸運的免於劫難，寶貴的經驗不但成為當事人珍貴的回憶，也是後繼者最好的教材。

南極工作的食、衣、住、行跟地球上其他地區的研究站都不太一樣，頗為新奇。雪龍號上的航海生活同樣饒富興味。我年輕時從事海洋調查研究，也曾上過不少大大小小的船隻，相形之下，雪龍號真大，像座海上行宮，不過去南極可要經過「咆哮西風」一帶，想到那兒的狂風巨浪和船隻的顛簸搖擺，還是覺得羨慕就好了。

作者們在南極的生活中，有鄉愁、有友情，還有勞役、慶典，不過一路讀下來，倒是覺得年輕學者在初嘗這漫天冰雪的苦寒之境時，能和一群言語相通、文化相似、血濃於水的朋友們相互協助與工作，還真是幸運；不知讀者中有多少人曾經在萬里之外，舉目無親、舉步維艱的異域裡想努力做出一點成績？如果有，你一定會喜歡這本書。

南極雖然在萬里之外，但是當「和風動土，正父老催人早作」的時機來到時，我們必不會缺席！

緣起

南極的滋味

前國立海洋生物博物館館長　方力行

一九七七年四月初的某一天，我正在中央研究院動物研究所張崑雄老師的手下當助理，忽然接到指示，前往基隆水產試驗所領兩箱南極蝦回來做研究分析。

這可是不得了的大事，當年水試所的試驗船「海功號」，不過小小七百噸，居然遠航南極海區進行海洋資源探測，捕撈了一百多噸的南極蝦，毫髮無傷，載譽歸國，大家除了欽佩他們為國家冒險犯難、開拓海洋資源的精神和勇氣外，更好奇的是「南極」為什麼資源豐富？「南極蝦」是什麼滋味？尤其是後者，來自那麼遙遠神祕的地方，想必是山珍「海味」、人間珍饈吧？不過因為是探測漁源的實驗航行，採回的樣品有限，自是工作優先，不可能有什麼滿足口腹之欲的空間了。

南極滋味，深銘心中

而我就是好命，因為在大學時雙修化學的背景，所以南極蝦許多分析工作就

落在我頭上了。兢兢業業的將老師交代的每一項工作都完成後，剩下的那點樣品要如何處理呢？當然就祭了五臟廟。

那麼南極蝦到底是什麼味道？得先從牠的分析結果講起：蝦中有超過百分之九十是水分，肌肉結構其實很疏鬆，細胞液則含有許多溶解性的有機酸分子（如氨基酸等），蝦殼占的比例相對較大，這種材料怎麼會好吃？但是入口時那些有機酸的分子卻是很重要的味覺成分，造就了非常鮮甜甘美卻沒有實質咀嚼感的特殊經驗。「這就是南極的滋味嗎？」我深銘心中。

一九七八年我在美國加州大學聖地牙哥分校的史貴普斯海洋研究院念博士，非常幸運的進入海洋化學系傑夫・貝塔教授的實驗室，他曾和大衛・巴的摩爾（David Baltimore，諾貝爾獎得主）並列為全美國最有潛力的兩名科學家，他的老師史丹利・米勒（Stanley L. Miller）是地球生命源起於無機分子和閃電反應學說的創始人，師公霍華・尤利（Harold Clayton Urey, 1893-1981）則是重氫發現人、諾貝爾得主，我唸書時，他們都同時在加大聖地牙哥校區任教，因此整個家族，三位老師加上實驗室的研究生和助理，常會在中午吃三明治、下午喝下午茶的時候，天南地北的嗑牙，一桌子金頭腦擺龍門陣，言談間機鋒處處，令人眼界大開。聊的專業知識早記不住了，但是有幾件事，影響了我一生行事作為：第一，眼界不大，見識不寬，基礎學識不紮實，做不了什麼大研究；第二，學問不是個

人成名求利的東西，只有一代一代的傳承累積，真積力久則入，才會為人類帶來長遠貢獻；第三，找一大堆不能實踐理想的美麗藉口，不如挨罵受譏，不計得失的放手一試。

回國後，我先心無旁騖做了十年基礎研究，然後在一九九〇年首次接受高雄市政府委託主持了東沙島的海、陸域生態資源調查；一九九四年主持了行政院南海小組「南海生態環境資源」的計畫，研究調查範圍涵蓋了臺灣到南沙太平島間的整個南中國海海域；而在一九九二年，也以國立海洋生物博物館為主體，和俄羅斯科學院遠東分院的海洋生物研究所合作，為臺灣收集了第一批亞北極海區（白令海、鄂霍次克海）的海洋生物。

南海、北極都做過了，再往前該向哪兒的海洋發展呢？其實地球上大部分的海洋都已被它的領海屬國以及幾個大的海洋國家所宰制了，臺灣真正可以有所發揮的地方並不多，除了一塊至今仍人跡罕至的區域以外——南極。

南極號稱是「地球表面最後的一塊淨土」，因為它極為嚴酷的氣候條件，幾乎從無人類涉足。直到一八二〇年，才第一次有人類涉足南極大陸，到了一九六一年，多國共同簽署的《南極條約》正式生效，確保大家在那兒可以先擱置領土爭議，並且在不危及生態環境的前提下，進行科學研究和探險，時至今日，簽署國已超過四十多個國家了。

進入二十一世紀以後，南極的研究更是國際科學研究上最熱門的項目。因為全球暖化的影響是現今世界最受矚目的議題，對全球暖化最敏感的地區又正是南、北極，那兒冰山的融化、物種的存續，和中、低緯度熱量及生物基因的交換、汙染物的傳輸等，任何有意義的發現都有機會成為頂尖期刊的重要論文。

這正是科學家夢寐以求的新天地，問題是，如何才能讓臺灣的科學家可以一探這座寶山呢？

進行南極研究其實是非常困難的，首先你必須得到在南極設有研究站國家合作的首肯，獲得最基本的立足點，然後還要和無數優秀的科學家競爭計畫，好在那有限的實驗船船位、極區基地床位、實驗室空間與生活物資補給中爭取一席之地，才能夠進行「最基本」的南極研究，至於結果如何還完全不知道。

這個夢，還真是遠呢！

臺灣登上南極科研舞臺

二〇〇六年中，我卸下公職，恢復自由身，以往許多國際及中國大陸的邀約因為身分或時間無法答應的，現在正好重拾舊夢。

二〇〇七年，我前往中國大陸協助一座水族館的規畫。在偶然的機會中，碰到了彼岸從事南極生物及環境研究的最先鋒王自磐教授。王教授自一九八三年

起，曾訪南極十一次，並有兩次在那兒過冬，經驗閱歷無人可及。我跟他談起自己多年來想將臺灣科研帶上南極舞臺的願望，兩人居然一拍即合，覺得大有攜手合作的空間，但以當年海峽兩岸的緊張關係，任誰也知道這個機會微乎其微，不過科學家的態度就是，事情一定要實驗後才知道成不成功，不管機會有多小，雙方各自回去努力。

二〇〇八年五月，馬英九總統就任，宣布兩岸加強科學、文化、經貿交流的國政方向。但是南極研究不比一般的科學合作計畫，我們的科學家需要登上載有各種精密探測儀器的大陸極地破冰船，甚至參與他們的操作，長期進駐他們從不對外開放的南極科學研究基地，並使用資源珍貴的研究站所有設備及生活所需。在當時兩岸政治情勢風雲詭譎的狀況下，要如何才能讓雙方在名分上和實質上都能接受，進而推動出真正的成果呢？

我向一位當時任職於政府核心，學養、眼界俱佳的儒者報告此事，詳述了臺灣參與南極科研及資源開發的重要性，並在他的協助下，進一步獲得了政府決策高層及行政系統上的支持。

接著開始策劃雙方第一次的接觸。我聯絡了海生館王維賢館長、東華大學黃文樞校長和正修科技大學龔瑞璋校長，磋商之後，大家以成事之心，共同推舉王館長來整合這件前不見古人的艱難工作！聯繫到一定程度後，海生館先邀請王自

磐教授來臺灣到一館兩校進行考察訪問，了解實際的狀況及可行性。不久之後，王教授就捎來了北京邀請我們前往訪問的訊息。於是二〇〇八年十一月，由王館長領隊，加上正修科技大學國際事務處鄭舜仁處長、東華大學海洋生物多樣性及演化研究所柯風溪所長及我四人，共同前往中國大陸國家海洋局極地辦公室，正式拜會了曲探宙主任，洽商未來合作的具體方案，初步決定先由中國大陸最大也是最重要的南極破冰研究船、兩萬多噸的「雪龍號」拜訪臺灣開始，再經由雙方科學家實質的交流和了解，進一步決定日後合作的題目及方式。

這是非常有突破性而且大膽的決定。兩岸自一九四九年以來，從無官方的船隻互訪過，而且雪龍號是中國大陸國家海洋局的旗艦，與一般商用船隻不同，有關掛旗及艦上裝載科學探測儀器進出臺灣國防海域的事，兩者都涉及極為敏感的議題。好在雙方在極大的善意及誠信下，多方折衝協調，化異求同，終於找出初步可行的方法。

再者，雙方決定雪龍號初次訪問的港口是高雄港，並且靠港期間三天將全船開放給市民、學生參觀，這真是大膽的選擇，因為南部民間一直對臺灣和中國大陸交流的疑慮較深。但是大家都覺得，此行除了科學交流外，希望能促進雙方各層面參與了解的目的，也就義無反顧的做下去了。

「如果真能達成，這可是兩岸六十年來第一船！」王館長在我們設下目標時

感嘆說。我心想，作為一個一心嚮往海洋的國家，連淺淺的一彎海峽都跨不過去，那其他的夢想不都是講爽的？

事情說來容易做來難，回臺後諸多的手續都需一一去嘗試，重重的障礙要一一去克服。從無前例可循的情況下，中央部會、高雄市政府、港務局、海生館和兩所公、私立大學跨越藩籬，克服重重障礙，將這件事辦成了！

雪龍號在二〇〇九年四月一日下午一點，於第二十五次南極長征的歸途中，經過六千五百餘海浬的航行，載著一百四十一位科學家及船員來臺訪問四天。當船冉冉駛入高雄港的那一刻，海中有港務局派出噴水船歡迎，岸上電子和平面媒體在等待，而報名參觀這龐大、精密的南極破冰船的市民、學生，也十分踴躍。四天的訪問讓雙方充分了解對方的專長、設備、能力及誠意，也在離臺前初步敲定了合作的方向及計畫申請時程。在雪龍號圓滿訪臺後，海生館的主承辦人王信發先生感慨的對我說：「方老師，我們終於完成了不可能的任務！」其實他不知道，更高遠的目標正即將開始。

南極研究考察是非常奢侈的事，每年只有一次的船期，數萬里的航行、有限的船位、昂貴的運輸補給和稀少的極地實驗室空間與設備，在在都是全球科學家極力爭取的機會，而南極本身更像一個小型的聯合國，學者爭取在此研究、溝通、合作的機會，為自己的科學、國家的發展、人類的知識，共盡一分心力，是

以我們對中國大陸極地辦公室在很短的時間內協助，並提供海生館和大學的研究人員進行南極研究考察的機會，至今仍心存感激。

臺灣在南極初探之行執行兩個計畫：「極地海洋生物所含生理活性物質之研究」和「南極環境中持久性有機汙染物特徵研究」，都是大軍作戰型的計畫。「極地海洋生物所含生理活性物質之研究」需要在海中、陸地上採取各種樣品後，拿回臺灣的實驗室做鑑定，後續再進行繁重的天然物抽取、分離、純化，解出構造及生物活性測試後，才會有結果。而「南極環境中持久性有機汙染物特徵研究」計畫則除了在南極陸地、冰上、海中採取各種土壤、生物排遺及生物樣本外，帶回臺灣之後，更將動用一個人員超過一百人、設備超過五億元，並獲得國際認證的實驗室來執行後續的分析和數據解讀。我們希望這個傾眾人之力，好不容易獲得的南極研究的機會，不只是個人科學生涯的一項成就，更是國家社會科學實力和能力的拓展。

海生館、東華大學和正修科技大學在二〇〇九年十月分派去南極的第一批同仁經千挑萬選，最後出線的林家興博士是海生館培訓多年，剛自英國回來，具國際觀及最新科學視野的新秀；郭富雯有多年的海上田野工作經驗、實驗技術以及豐富的海洋生態、生物知識，都是一時之選；許廷煒更妙，他是正修超微量中心主任張簡國平博士欽點的戰將，因為在超微中心的數十位田野、海上技術員中，

他是唯二在臺灣海峽狂暴的風浪中，仍能履險如夷、順利達成採樣任務的人。

他們三人在二〇〇九年九月九日專程去了一趟北京，接受了三天的極地操作訓練，並檢驗了他們的身心健康是否適合南極嚴酷的環境；同時，臺灣的各項儀器設備、後勤協調與支援，也緊鑼密鼓的做準備，終於臺灣科學界的首度南極之行，在千呼萬喚中成行了！

二〇〇九年十月二十七日，郭富雯先踏上了隨船的征途；同年十一月二十九日，林家興和許廷煒搭機前往智利轉往南極。在行前我跟他們以電話或簡訊做了最誠摯的祝福，掛上電話的那一剎那，數十年久懸的心願就像脫開羈絆的鳥兒般，隨著他們的船隻和飛機迎向無垠的天空！

南極概況

◆何謂南極？

中文字面上，南極就是地球的最南端。而實際上又有南極洲、南極點、南極大陸、南極圈等多種涵義。

◆南極概況

- 地球上最後一個被發現的大陸，唯一沒有人類居住的大陸。
- 夏天是十一至三月，冬天是四至七月。
- 最高的山峰：文森峰（四千八百九十二公尺）。
- 地球上最低點的地面：本特利（Bentley）冰河下溝谷（二千五百五十五公尺）。
- 迄今錄得最高和最低氣溫：攝氏十四・六度和零下八十九・二度。
- 南極大陸百分之九十八的地域由一個直徑四千五百公里的永久冰蓋所包覆。
- 南極洲的總面積為一千三百九十萬平方公里，相當於臺灣的三百八十六倍，中國面積的一・五倍，居世界各洲第五位。
- 目前共有二十五國在南極設有考察研究站多達九十五個站。

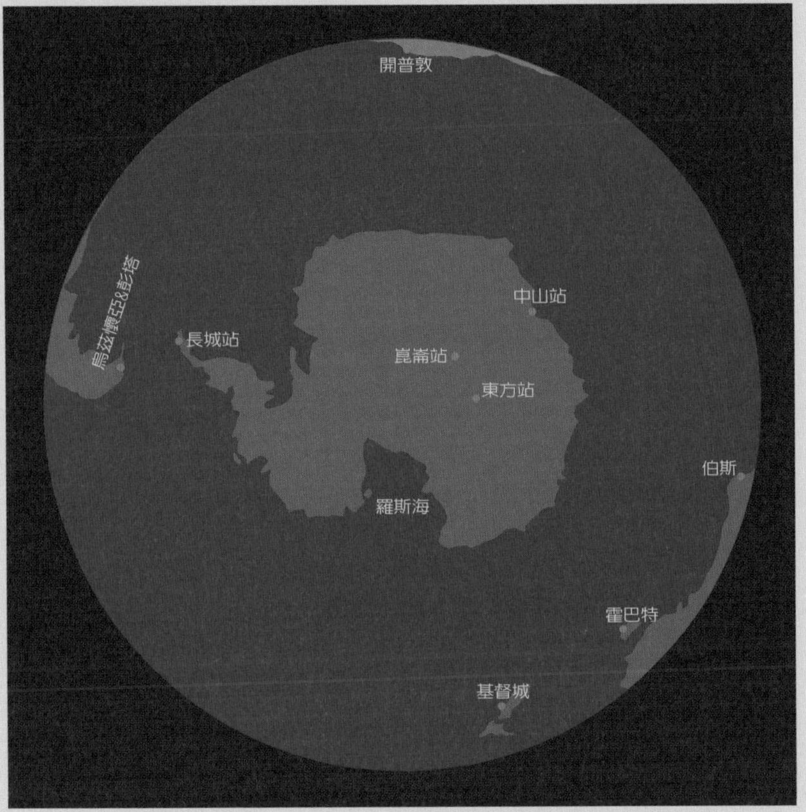
開普敦
烏茲懷亞&彭塔
長城站
中山站
崑崙站
東方站
伯斯
羅斯海
霍巴特
基督城

◆如何前往南極？

目前各國前往南極的交通工具，仍以破冰船為主，飛機為輔。

破冰船前往南極，會選擇離該國極地研究站最近的港口補充油料、糧食以及飲用水。南非的開普敦（Cape Town），澳洲的伯斯（Perth，西澳）、霍巴特（Hobart，東澳）、紐西蘭的基督城（Christchurch），智利的彭塔（Punta）以及阿根廷的烏茲懷亞（Ushuaia）等皆可往南極。

以中國的雪龍號為例，由上海出發至西澳伯斯約十八至二十天，由伯斯航行至南極中山站則要花費八至十天。

飛機多數用來載運乘客進入極區，例如美國的Starlifer大型運輸機，只要五・五小時便能從基督城飛抵南極的麥克默多站（McMurdo）。

至於一般前去南極旅遊，時間一定是在南極的夏令時段，即十一月至隔年三月之間。旅遊天數從八天至一個月都有，內容五花八門。多數乘坐三千至五千噸的驅冰船前往為主，往返航程定會遇到經過西風帶造成的暈船之苦。

前往南極旅遊有所謂「東線」與「西線」兩種路線：東線指從南美洲智利或阿根廷前往，可抵達東南極的欺騙島、南喬治王島。西線則是由紐西蘭或南澳大利亞出發，航程比東線多出一千公里，時程也較久，可到達羅斯海（Ross Sea）附近，這裡有機會看到世上最大的帝企鵝，旅費自然也高出東線許多。

前往南極除了必須注意保暖外，強烈的紫外線及雪地反射的強光會使人的皮膚及眼睛受傷，因此需相當留意。

Part A

零下任務

冰雪中採樣

文／郭富雯、林家興

序幕

二〇〇九年九月，我（郭富雯）和林家興代表臺灣國立海洋生物博物館，還有正修科技大學的許廷煒先生，一同前往北京參加中國第二十六次南極考察的行前會議。

九月十日一早，會議如期舉行，由中國國家海洋局極地考察辦公室的副主任吳軍主持。這個會議聚集了所有參加考察的單位，各自報告未來將如何進行所提的研究考察案，以及何時何處需要極地考察站、雪龍號或直升機後勤支援等討論。這次是雪龍號首度同時進行三個極地考察站（長城站、中山站、崑崙站）的運補作業。

中國在南極沿海的考察站，東側有中山站，西側有長城站。中國第二十五次南極考察隊以中山站為根據地，用陸運方式向內陸挺進，二〇〇九這年一月二十七日在內陸冰穹A設立崑崙站，從這一刻起，中國除了原來兩個沿海考察站，更有了第一座內陸考察站。

在南極所需物資幾乎全仰賴外界補充，雪龍號破冰船的運補航線大多由上海極地研究中心出發，往南航經赤道後，先抵達西澳大利亞的第一大城伯斯市（Perth），再繼續航往中山站，這是最為常見的「一船運補一站」的作業方式。雪龍號也曾經開往紐西蘭基督城，接著航至長城站，最後進入中山站，進行所謂「一船兩站運補」。前往長城站，主要是運送一些大型的儀器設備或重大工程建設機具，破冰船如未能抵達

雪龍號小檔案

雪龍號原是烏克蘭赫爾松船廠1993年建造的一艘具有B1級破冰能力的破冰船，中國購進後投資3100萬人民幣改裝成為南極科學考察運輸船。

該船總長167.0公尺、船寬22.6公尺、船深13.5公尺、滿載吃水9.0公尺、滿載排水量21025噸、最大航速18節、續航力12000海浬、主機13200千瓦*1臺，副機800千瓦*3臺、載重量10225噸。

雪龍號具有先進的導航、定位和自動駕駛系統及能容納兩架直升飛機的平臺、機庫和配套設備。該船能以2節航速連續破冰厚度1．2公尺（含0.2公尺雪）。船上設有海洋物理、海洋化學、生物、氣象和潔淨實驗室。面積200平方公尺，配備了溫度、鹽度及深度探測儀（CTD）和都普勒流速儀（ADCP）等國際先進的大洋調查儀器設備。船上有鋪位128張，可搭載80名考察人員赴極地工作。

雪龍號還配備EK500科學聲納系統、CTD自動採水系統、高分辨衛星雲圖系統，提高航行保障能力。隨船直升機2架。

此地時，一些民生必需品及糧食等便直接由南美洲的智利或阿根廷等國輸入。為因應崑崙站的設立，中國第二十六次南極考察創紀錄以雪龍號進行「一船三站」的運補作業，總考察人數更史無前例高達二百六十餘人。

上午會議結束後，下午我們參觀了中國國家海洋局二樓的極地辦公室。極地辦公室規模不大，約莫只有五至六個小辦公室的格局，卻是對岸掌控極地事業的樞紐中心。

會後拜訪了二〇〇九年三月底雪龍號停泊於高雄港時，我在船上結識的北京極地考察辦公室的一些友人。九月中旬的北京秋高氣爽，但正午時分仍略顯悶熱，極地辦公室不知從哪裡拿來一顆新疆大西瓜，大家一邊開心的吃著，一邊天南地北的聊著一些極地事務。

二〇〇九年十月十一日，雪龍號自上海浦東港起錨，揭開二十六次南極考察序幕。十月二十九日，船抵達紐西蘭南島的利特爾頓（Lyttelton）海港運補時，我在此處登船，準備橫跨西風帶、挺進南大洋。雪龍號十一月十二日凌晨抵達長城站，同年十二月六日抵達中山站外緣海冰。

離開北京到進入南極這段期間，我都沒再吃過西瓜。而下一片吃進口中的西瓜，是在五個月後的雪龍號船上，那時正值中國農曆新年，船航行於距離臺灣一萬多公里遠的南極附近海域上，鮮紅的大西瓜是由澳洲運補過來的。

■郭富雯及兩位隊友二〇〇九至二〇一〇年南極考察的往返路徑：

郭富雯搭雪龍號：臺灣—（四天）紐西蘭基督城—（十三天）南極長城站【停留六天】—（兩天）阿根廷烏茲懷亞（USHUAIA）—（兩天）長城站—（十六天）中山站【停留六十三天】—（十天）西澳伯斯—（一天）臺灣

林家興及許廷煒（搭飛機）：臺灣—美國轉機—智利彭塔—南極長城站【停留約一個月】智利彭塔—美國洛杉磯轉機—臺灣

海生館科學家前往南極的路線示意圖：

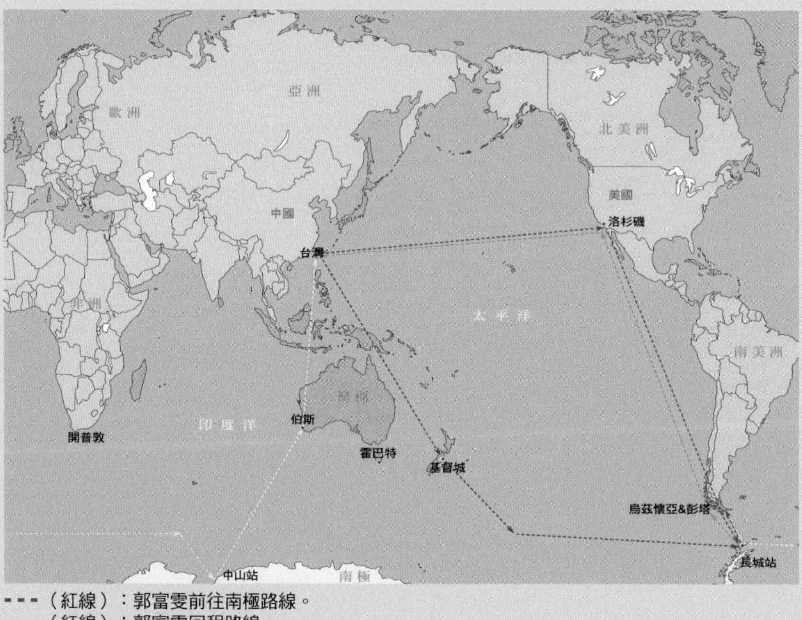

- - -（紅線）：郭富雯前往南極路線。
（紅線）：郭富雯回程路線。
- - -（藍線）：林家興與許廷煒往返南極路線。

中國國家海洋局極地考察辦公室

Chinese Arctic and Antarctic Administration
http://www.chinare.cn/

成立於1981年，基本任務是組織協調和管理中國極地考察、研究工作。設有4個職能處：綜合處、計畫財務裝備處、科技發展處、對外聯絡處。

中國極地研究中心

原名中國極地研究所，成立於1989年，是中國唯一專門從事極地考察的科學研究中心。主要開展極地雪冰—海洋與全球變化、極區電離層—磁層耦合與空間天氣、極地生態環境及其生命過程以及極地科學基礎平臺技術等領域的研究。

在南極長城站、中山站建有國家野外科學觀測研究站，是開展南極雪冰和空間環境研究的重要平臺。

零度C下的垂釣

這次南極考察，我（郭富雯）最主要的任務之一，是收集極地的魚類標本。只要有時間，不管陰天或下雪，都得好好把握可以下竿的機會。隊上沒安排工作的時候，我一準備好釣魚工具，就開始享受在南極氣溫攝氏零度以下的垂釣「樂趣」，太陽出來時感覺還不錯，陰天就不太好玩了。

雪龍號在長城站附近停泊的位置水很深。長城站是中國於一九八五年在南極建立的第一座常年性極地考察站（詳見之後章節介紹）。這天等候許久，釣竿頭連個魚訊也沒有，一會來了兩位隊友關心釣況，表示魚餌要用生肉才行，但改用生肉後，魚況仍沒改善。約十分鐘後，數百公尺外海上，濺起了水花，彷彿旗魚快速在海面上跳躍衝刺的模樣，仔細一看，原來

在長城灣展開釣魚任務。

名符其實的賊鷗，總是虎視眈眈釣鈎上的餌。

不是魚而是企鵝，牠們在水面上奔竄並嘀叫著，小小企鵝叫聲居然如此宏亮。其他隊員跟我說：「甭釣了，企鵝過來，把魚都嚇跑了。」果然一直沒有魚上鈎，我只好收起手上的魚竿休息去。

下午找了空檔繼續釣魚。上午我準備的魚餌整包被賊鷗叼走了，伙房的廚師又切了塊生肉給我。重新準備好釣具要下竿時，船舷邊飛來了一隻賊鷗，虎視眈眈看著我，拋竿的瞬間，賊鷗跟著一起飛走，牠並不是被我拋竿的動作嚇著，而是看準丟出的餌，跟著那塊生肉一同俯衝而下。我終於明白為何這種鳥以「賊」字為名，早上偷過我的魚餌不說，下午還來偷叼釣鈎上的餌，牠們真是名符其實的賊鷗啊。

隔天一早驚醒，四點半盥洗後即刻到戶外釣魚。天空陰霾密布，風超大，氣溫極低，儘管雪地裝裡已經多加了好幾件衣服，仍不敵凜冽的南極寒風。在冷風中準備與深海底下的極地怪魚搏鬥。沉澱一下思緒，前一天試釣許久都沒有魚獲，心想可能魚鉤太大了，魚咬不下餌，於是改換小一點的魚鉤。沒想到直到早餐前夕，成績同樣掛零。之前聽聞南極的魚很好釣，沒料到手氣如此差。測深儀顯示我釣魚的錨約在水深八十公尺，或許魚群都集中在較淺的海域吧。

船離開長城站的前一天，小熊班長結束了站上工作回到船上，聽聞我沒釣著半條魚，為了激勵我，秀了幾張近日長城站隊員們在海岸邊釣魚的照片。「看！不難釣的，他們出去二十分鐘，回來就取了兩條大魚呢！」

受到照片刺激，我再次走到雪龍號甲板，換上新鮮餌料，希望若真的有魚，只要牠願意來撥動我的魚餌，給我一點魚訊，我便心滿意足了。不同的水層試了又試，新鮮的餌料換了又換，冷風不停的吹拂，手早已冰凍得沒什麼感覺了，眼看著動也不動的釣竿，心頭頓時與周遭空氣一樣冰冷。

午餐後，又釣了一會兒，同樣沒魚上鉤，索性把魚竿固定好，回寢室睡午睡，哪怕是魚兒來偷我的餌也沒關係。下午三點收拾魚竿前，直升機組人員在後甲板上待命，我想是飛機即將結束今天的飛行任務吧。拉起魚竿的那一瞬間，心裡滿懷期待，但魚鉤那端浮出水面時，魚餌連一塊都沒少，我安慰自己，至少知道水下沒有魚，但仍不放棄再下幾次竿，還是沒有絲毫魚訊。

收拾好漁具，準備結束這一次釣魚，直升機早已飛回來做保養工作。隨後我走上停機坪時，三名澳洲飛行員問了我釣況如何，我只能笑答：「No fish」。

出海採集

天氣許可的情況下，長城站研究二班的隊員決定在長城灣海域進行底拖網採樣作業。採集作業的地點主要以長城站所在的菲爾德斯半島（Fildes Peninsula）東岸幾個內灣為主，因為沒有大型船隻的協助，外海採集非常危險。

基於保護南極環境及生物資源的前提，進行海洋生物採集作業前，必須先與南極條約組織取得許可證，並註明採集工具、數量及方法，才能施作。

在長城站，考察隊員分成不同的班別，包括後勤、工程以及研究三大類組。研究一班從事陸上調查，包括植被碳儲量、生態環境監測、地衣群落的調查等；我（林家興）和另一位從臺灣前去的許廷煒被分派到研究二班，主要從事極地海洋生物研究。

這次出艇作業不僅進行底拖網生物採樣作業，也包括海域營養鹽及汙染物的調查。採集當天，救生衣是出艇時的必要裝備。站長集合相關的科考隊員，給予行前教育，並一再提醒，如果不慎跌落海裡，只有十五分鐘的存活機會，而且恐怕連救生衣

長城灣附近景觀。

也救不了寶貴生命。這次的底拖網採樣作業具有一定危險性，每位隊員離開陸地，坐上橡膠艇後，都戒慎恐懼。

到達定點後，我們先進行營養鹽及汙染物研究的採水以及底泥取樣工作，才開始底拖網作業。首先將沉重的底拖網小心緩慢的放至海面，拖網快速下沉接觸海底

在長城灣海域進行底拖網生物採樣。

救生衣是出艇時的必要裝備。

時，便將繩索一端固定在橡皮艇前方。橡皮艇尾端裝置了動力馬達，拖網作業是以小艇向後行駛的方式操作。進行了十分鐘的拖網作業後，立即收網。

小艇不是專業的底拖漁船，艇上沒有架設收網的機器裝置，所有過程完全倚靠人工，因此，防水外套和手套成為不可或缺的裝備。我和許廷煒採用從臺灣帶去的小型特製拖網。拖網作業海域深度約達二十公尺，回收時除了網具本身重達二十公斤，海水阻力加上拉取的繩索浸泡在攝氏零度的冰水裡，回收作業的難度相當高。

寒風刺骨，挾帶水沫飄上小艇，經過一番折騰後，每個人的雙手都因為輪流拉取繩索，而處在凍傷的臨界點。拉取繩索的過程，需提防施力不當而造成小艇翻覆；回收繩索的剎那，彷彿面臨一條生死如薄翼的分界線，一不小心落海，很可能在救援抵達前，即被低溫的冰水吞噬。

此次底拖網作業除了採集了長城灣地區的底棲性魚類，還有甲殼類、軟體動物及藻類。極地的海洋生物樣品相當珍貴，照片檔案在第一時間先寄回臺灣進行外觀形態的初步鑑定，樣品分類後，進行海洋天然物分析、標本典藏以及冷凍基因庫三個部分的前處理。這些標本在南極的實驗室完成DNA萃取。

第一次出海採樣順利完成後，很快又遇到好天氣，徵求站長同意出艇後，第二次底拖網採樣地點選定在阿德利灣（Ardley Cove）進行。阿德利灣在菲爾德斯半島東岸介於長城灣及岩石灣（Rocky Cove）之間。從長城灣搭小艇至阿德利灣約二十分鐘。阿德利灣的海底地形和長城灣稍有不同：長城灣的水深較淺，深度約十至三十公尺，底質多數屬於泥質；阿德利灣的水深較深，最淺從二十公尺開始，最深可達一百公尺，底質大部分是礁石地形，海域的水流比長城灣強，因此阿德利灣的底拖網作業環

在長城灣採集的海洋生物樣品

多毛類生物：鋼毛蟲。

端腳類生物：美鈎蝦。

肩孔南極魚。

阿德利灣在菲爾德斯半島東岸介於長城灣及岩石灣之間。圖為阿德利灣景觀。

在阿德利灣沿岸巧遇美國科研考察人員。

境比長城灣更為艱困。

進行底拖網下網作業前，必須先了解水深及底質，除了底拖網外，測深儀及抓土器也是必備的工具。出艇前隊員們一一準備所有裝備。由臺灣帶來，置放已久的釣桿也拿出來裝配上擬餌，希望藉由拖網與垂釣雙管齊下的策略，讓這趟阿德利灣的生物採集作業有不同的收穫。因無法得知阿德利灣的魚種類別，只能嘗試擬餌釣法碰碰運氣。

橡皮小艇抵達阿德利灣後，由測深儀得知水深約二十公尺，利用抓土器測定海底底質，當小艇移至水下為軟泥的底質處，便下放底拖網。每一個測站同樣經過十分鐘的拖行，再進行收網。此次底拖網作業除了捕獲上百個海星外，還有海膽。這些海星分成兩個種類：一種是硬質的紅色海星，另一種則是軟質的黃褐色海星。基於生物資源保護的考量，最後我們僅取了大約十幾個海星及海膽。

完成數次底拖網作業後，我們初步了解長城灣及阿德利灣的底棲生物多樣性並不高，決定往較深的海域再度進行作業。在海底地形圖定位為五十公尺的海域，經過幾次採集後，成功獲取一種類似腔腸動物的海洋生物，外形極為特殊，看起來像豬腸子，大約取回了十幾條，帶回臺灣進行後續研究。

結束網具作業，我們開始用釣竿和擬餌試試手氣。釣竿採集到肩孔南極魚，擬餌則沒有獲取任何海洋生物。這次採用臺灣品牌的擬餌，是一種紅白相間、長約十公分的魚形擬餌，經由陽光照射會反射閃爍光芒，引起水中生物的注意。幾次拋餌後，吸引了很多企鵝在橡皮艇附近來回穿梭。我們一發現企鵝興奮的追逐這種閃亮擬餌，都嚇傻了，立即停止拋釣。倘若傷害了這些受到保育的南極企鵝或是海豹等，不但非我們所樂見，還可能導致不必要的麻煩。這天漁釣作業遇上企鵝追食擬餌的景象，為大家上了很難得的一課。

後續幾次海上採集，在研究二班同仁通力合作下，皆順利完成。接著在長城站海

在阿德利灣採集的海洋生物樣品

裸南極魚。

肥腸海星。

荊海星。

域有次大規模儀器布放的聯合作業。由於南極海域的環境變化對於全球氣候及環境的變遷具有重要的指標意義，所以各個考察站在南極大陸都設有陸上或水下環境監測系統。這天準備進行「海洋環境監測系統的放置工作」，這是我們登上南極大陸以來最大的科學考察計畫。水下監測儀器施放是本次度夏考察期間需完成的重點項目。

儀器布放當天，站長召集包括科學考察人員、後勤人員及工程人員齊聚碼頭，準備布放作業。這個監測系統由數組感應器、浮球、底座平臺及鋼纜組成，而且海洋環境監測系統必須配合纜線的配接，先將訊號送至長城站，再以衛星即時連線傳回上海的極地中心，進行長期、連續且密集的數據監測及記錄。

由於硬體設備皆屬大型設施，運送和操作過程非常耗費人力及時間，岸上車輛及人員布署、纜線鋪放、線路規畫、監測系統在浮臺上的架設與後續掩埋工作，以及海上的橡皮艇等待位置等，都必須事先完善規畫。

浩大的布放工程動用大型吊車將監視系統移至浮臺，韓國站長特別派遣兩艘橡皮艇，以艇夾艇的

在長城站海域進行大規模儀器布放作業。

監測系統的施放作業需事先妥善規劃。在運送及操作過程非常耗費人力及時間。

方式，協助運送浮臺至長城站碼頭，隨後接送工作人員至浮臺，將浮臺移至定點後，才處理監測系統及纜線的配接與鋪放作業。

經過上午半天準備及下午約四小時的海上作業，整個監測系統的施放工作總算大功告成。為體恤所有作業人員的辛勞，站長早已吩咐站上大廚們準備好豐富晚餐，等待大家歸來。

第一批樣品入庫

隊上綽號「老鷹」的老隊員，過去曾在中山站越冬，扎扎實實的在南極住過一年。中山站位於東南極大陸拉斯曼丘陵（Larsemann Hill），是中國在南極建立的第二個科學考察站。

對中山站周遭環境極為熟悉的老鷹，經常在站區周圍走動，新隊員有空時常會跟著他四處逛逛。某天下午，聽聞老鷹要去巡檢工作基地，我（郭富雯）把握難得機會一同前去。老鷹知道我來南極是為採集魚類標本，檢視完工地後，帶大家至先前釣魚的地方看看。

一夥人走了將近四十分鐘，到達一處峽灣，順著山坡往下走，到了一處陸塊與冰面交會處，因為融冰太多，走不到冰面，無法到達先前釣魚的地方。隔日晚飯後，再度由這位老隊員帶領大夥走上冰面，向鴛鴦島碼頭方向直線前進。我們在冰面上走了約一公里遠，都沒有發現適合釣魚的冰裂縫。接近碼頭堤岸時，看見三隻小海豹，老鷹說，牠們是去年才剛出生的小海豹。估計這些小海豹體重有一百公斤以上，牠們不太怕生，我們還幸運撞見小海豹在冰上尿尿的景象，真是難得又有趣的經驗。

我們隨後在距離碼頭不遠的冰面上，找到了一處較大的冰裂縫。冰裂縫上的小碎冰非常多，釣線的鉛塊不容易穿過冰屑沉入海底，必須先用長木棒在冰裂縫中搗一搗，鉛塊以及餌料才可以穿過冰縫間密實又快被冰封住的冰砂。

冰上釣魚工具極為簡單：一條魚線、一個鉛塊及一支釣鉤，以徒手拉線的方式即可，釣餌則是雞肉、牛肉或豬肉的生肉片。眾人輪流嘗試三種餌料後發現，豬肉最受魚群青睞，肉片若帶有血色則更好。

放下餌料沉底沒多久，就有小魚前來索餌，不久便有一尾頭大身小的魚上鉤，老隊員統稱這種魚為「大頭魚」。這個下午，我們幾個人共釣獲六隻

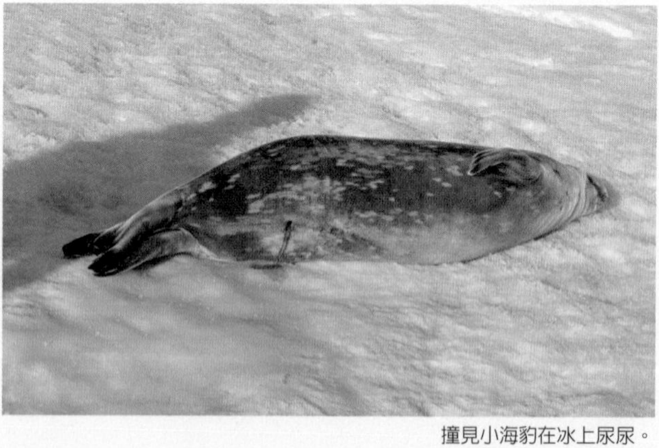

撞見小海豹在冰上尿尿。

第一批樣品入庫：南極特有之頭大身小的「大頭魚」上鈎。

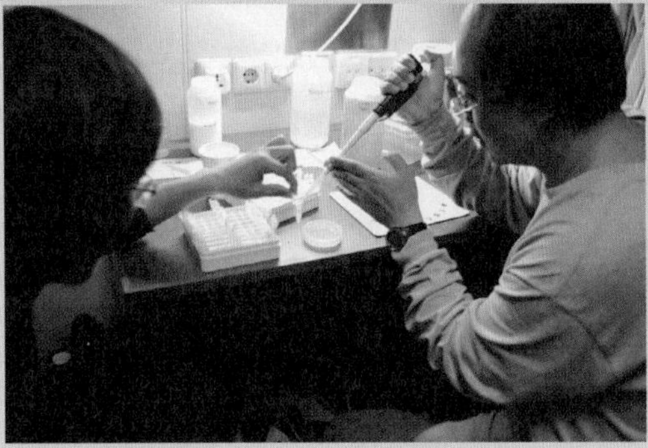

以藥品固定魚類組織。

魚，不過都是單一品種。釣獲的魚類樣品多數先以低溫冷凍處理，帶回臺灣再做進一步的身分確認。極少部分樣品會先做處理，將組織浸泡在DNA固定液中，攜回做定序的後續處理。

千里迢迢來到南極主要目的，便是蒐集海洋生物標本。因此，第一批樣品入庫，心裡非常興奮。先前擔心不知如何從看不到海水的厚實冰面取獲樣品，轉眼間手裡拿著的，不就是所謂的「南極魚」嗎？有了這些樣品，忽覺得心裡充實許多，相信日後一定能採集到更多

海豹尾鰭由兩隻腳演化而成，蠕動前進，像一隻巨大無比的的蛆蟲，模樣逗趣。

海豹懶洋洋的曬著太陽，水汪汪的眼睛極為可愛。

樣品。

處理好所有的樣品後，回到寢室立即拖出沉重的紙箱，拆封了採樣工具組，備好明日所需器材，準備再次前往碼頭附近的冰面蒐集生物樣品。這些工具當中，有根附有捲線器的紅色釣竿，是我費了好大功夫，一路從臺灣搭飛機、乘船破冰才帶來此處。先前在冰面釣魚，只是簡單的拿細細繩配上重錘釣鉤，有了這根釣竿，可以快速將釣組放至水下及回收至水面，期望獲取更多樣品。

隔日一早，隊上機械師陳遠嶸駕著二戰時期俄羅斯製的履帶裝甲運兵車，協助大家載運器材至不同的地方開展各自的調查工作。我們乘著這部骨董車抵達碼頭附近，冰面上依然躺著幾隻可愛的小海豹，懶洋洋的曬著太陽。海豹一雙眼睛水汪汪的極為可愛。仔細觀察，發現海豹的眼球泛著紅色，尾鰭則由兩隻腳演化成蹼狀，兩片蹼之中還夾了根小尾巴。這種海豹的耳朵已經退化到幾乎快看不見，可能耳朵在極區

在冰面上鑽取冰芯，比想像中困難。

的功用並不大，反倒是牠厚得不像話的皮膚直接躺在冰面上，抵抗寒冷的能力真叫人羨慕。海豹在冰面上蠕動前進，像極了一隻巨大無比的蛆蟲，動作笨拙，但模樣極為逗趣。

我和陳遠嶸協助隊友李興進行冰芯的研究。李興來自上海極地中心，他一到達作業地點即熟練的打開工具箱，迅速組裝起冰鑽。我之前只鑽取過沉積物岩芯，這是首度嘗試鑽取冰芯。

在冰面上要鑽個小孔其實比想像中還要困難，儘管使用堅硬的鋼製鑽頭，鑽取速度依然不快，第一支冰芯整整花了一個小時才完成。每採集完一支冰芯，會在冰洞裡置入一種特殊的捲尺以測定海冰厚度。幾個冰洞測量出來的結果令我相當驚訝。這片海冰厚度居然厚達一．七公尺，也就是腳下站立的廣闊浮冰，厚度約一個人高，冰層下方才是冰冷海水。

協助採集冰芯是很難得的經驗，採取樣品後的冰面上有了現成的小孔洞，成為釣魚的好處所。極區的盛夏有二十四小時日不落地的永晝奇觀，出大太陽的日子，自然會想到外面潔白無瑕的冰面上走走。有經驗的老隊員都知道，夏季的極地冰面其實潛藏著翻冰或大面積冰面忽然裂開的危機，除非是必要工作，站區禁止人員前往冰面，必須先行報備，攜帶無線電，最少需兩人以上才能成行。

協助鑽取冰洞時，我因為抓不到鑽取冰芯的施力技巧，緊依著打鑽機使蠻力，沒

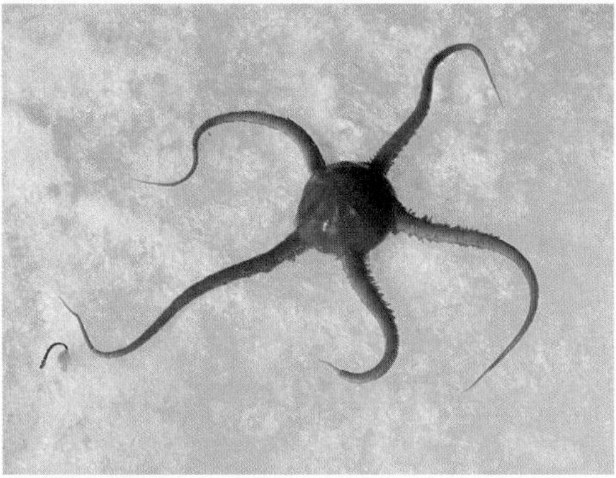
意外釣獲的紅海星。

保持好距離，身上的黃色雪地衣居然讓引擎噴出的白煙燒出一個洞。

下午再次來到碼頭附近的冰面，苦候兩個多小時，始終沒有魚訊。一旁的小威隊友需要協助，我擱下釣竿幫忙他，約二十分鐘後，再次回到冰洞處，一拉起魚竿，感覺竿底異常沉重，當下嚇了一大跳，居然釣中了一隻紅海星，這是我在此處採集到的第二種海洋生物樣品。

之前在這個站區的老隊友在附近從未見過這種紅海星。在臺灣也不曾聽聞有人以釣竿釣獲海星，釣起的紅海星後來曾被賊鷗偷偷叼走，看來外形嚇人的紅海星含有毒性成分的可能性似乎不高！

翻冰帶來的海底標本

有天早上伙房端出來的早餐是鍋熱騰騰、香氣四溢的八寶粥。心裡納悶著，到中山站以來，似乎從沒有出現過這種餐點，幾碗熱粥下肚後，才耳聞這天是農曆十二月初八，又稱「臘八」，在中國傳統習俗裡算是節慶日，總會喝喝應景的臘八粥，大廚因此起了個大早為我們煮粥。這是我（郭富雯）生平第一次喝到臘八粥。

這天二廚放假隨大夥一起外出，我及室友小威兩人輪值當幫廚，協助大廚共同負責餵飽站上七十多名弟兄。就在我們忙著處理食材之時，位在站區東側冰原上一片巨型厚冰突然無預警崩落至海面，許多在室外幹活的弟兄都感受到這股爆裂聲響的威力。

極地的盛夏季節，融冰加速，經常聽到有如打雷般的冰爆聲，這次聲響格外震撼，然而屋舍內牆的絕熱設備阻擋了聲音傳遞，待在室內的我們竟渾然不覺。直到吃午餐時，同桌隊友都在談論上午冰塌發出的震撼聲響，我才知道發生了什麼事。這時，一整個上午都待在鴛鴦碼頭附近油庫工作的機械師顏偉走進餐廳，他提著半透明霧狀塑膠袋朝我走來，袋裡裝了兩隻我從沒看過的新品種紅海星，令我雙眼為之一亮。

顏偉告訴我，上午不知哪裡發生了大冰山崩坍，碼頭湧起了大海浪，把一些海冰和魚群沖上碼頭，好多企鵝及賊鷗都齊聚在那裡開心的吃起魚來。聽到這話，我心跳加快，擔心碼頭的生物全被吃光了，匆匆結束午餐，並報告站長後，找了三名隊友一同前去幫忙。

眼前碼頭宛如剛剛經歷一場小海嘯：礫石路面上，散落了一堆海面上沖上來的浮冰；左側水泥堤壩被巨型海冰撞出一個缺口，堆放在碼頭最前方的幾只貨櫃被湧浪推動位移了四、五公尺遠，連重達數噸的海冰也被沖到岩塊上。我跟隊友說等會兒若是聽見冰爆聲，盡快往高處逃命。晴朗天氣維持了好幾天，冰層隨時可能翻落下海，身在極地沒有什麼比生命安全更重要。有了安全共識後，大夥一起小心翼翼走下潮間帶，放眼望去，潮池周邊滿布著數量極多、大小如硬幣的黑紫色海膽。

我們仔細檢查了水塘，除海膽外，果然空空如也，半條魚也沒有。一旁的賊鷗及企鵝斜頭歪腦的看著我們，似乎笑說魚

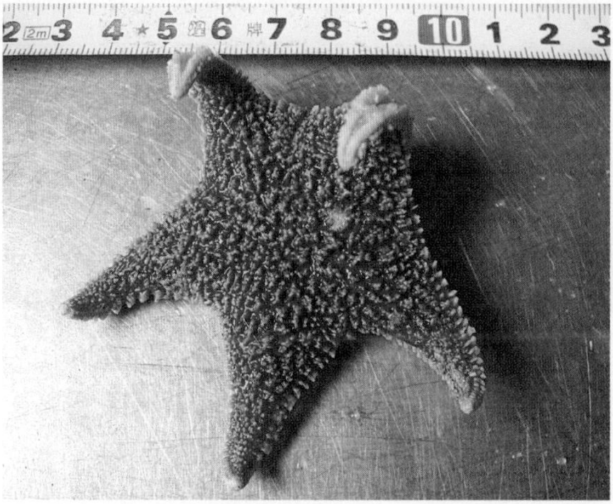

讓人雙眼一亮的毛絨紅海星。

冰山崩塌，湧起大海浪，把海冰和魚群沖上碼頭。

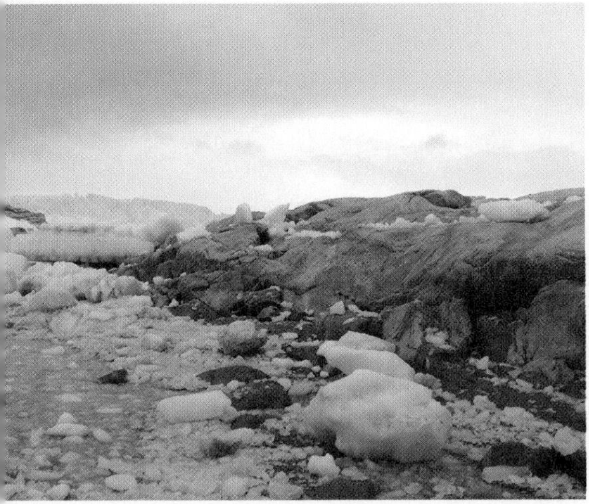

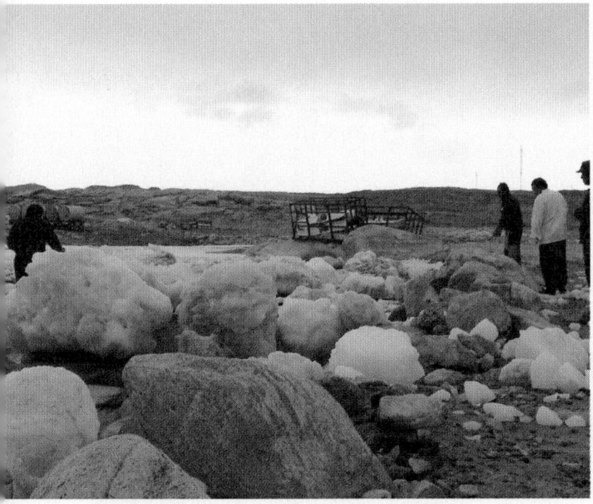

碼頭宛若經歷一場小海嘯，散落一堆海面上沖上的浮冰。

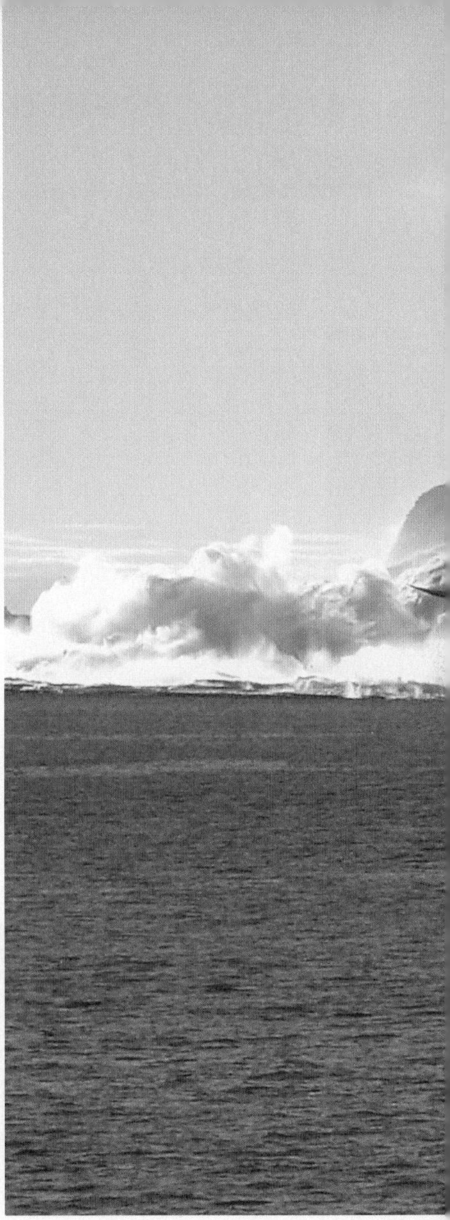

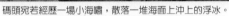

都被吃光了。乾涸的水塘確實沒有魚，但隊友一推開水裡的冰塊和小石子時，不由拉高分貝驚叫「魚——魚——魚」，這時大家跟著做，因此捕獲許多藏身在遮蔽物下方的海域生物。

幾個人低頭在潮池專心尋找生物時，陸續又走來幾位隊員。仔細一看，其中一位就是伙房的戴大廚。他走到水塘，看看有沒有什麼好東西可以下鍋料理。大廚雖沒有找到大肥魚或活跳跳的蝦、蟹等，但他找到一種像昆布的藻類，熬成味噌昆布湯，味道極佳。

我回到室內後，開始清點數量可觀的取獲標本，包括毛絨紅海星、蝦類、海參、纖毛蟲、兩種海藻和一種不知名的軟體動物，雖然沒有新增的魚類物種，但這次翻冰事件著實為我採集標本的質與量加分不少。

我忙完樣品的拍照、編號及封裝後，又開始幫廚工作。午後三時，潘二廚及上冰川工作的隊員們頂著風雪回來了，他們全進餐廳吃些熱食。我把碼頭撿魚事件告訴小熊班長，他不但知道冰山崩坍，而且當時隊員們就在冰川上目睹整起冰坍的過程，更難能可貴的是，有位隊員幸運的拍下當時冰山翻落入海的珍貴畫面。

照片資料顯示，這場崩坍發生在早上十點五分。數公里長的巨型冰牆直接從冰原上翻落至海面，外海許多冰山便是這樣形成的。如此巨大的質量快速跌入水

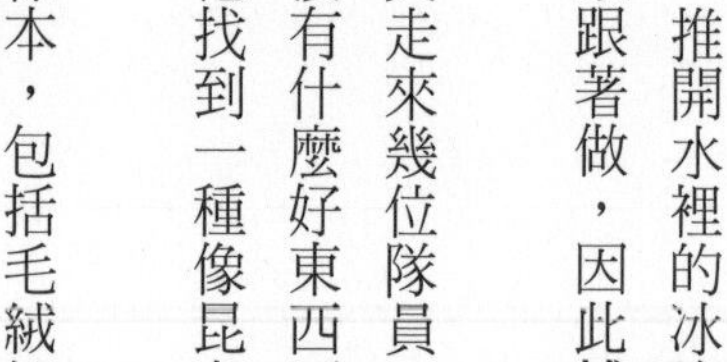

沖至岸上的黑紫色海膽。

從冰蓋上見到冰山翻落入海的畫面。

中，震波影響的範圍可能不只中山站沿岸，所幸中山站及俄羅斯站的碼頭堤岸當時均沒有作業人員，不然很可能造成致命意外。

先前不管刮風或下雪，總會出現在餐廳外頭耐心等候隊員分食的幾隻賊鷗忽然全消失了。我猜測，上午那場小海嘯送上來的海鮮美食，足夠讓賊鷗們好幾天都不必再進食了。

冰川水與恐龍蝦

還沒到南極之前，我就曾喝過南極水，品嘗過南極冰。二〇〇九年雪龍號來訪高雄港，由海生館邀請，開放兩天讓民眾上船參觀，成功落幕當晚，船上舉辦了慶祝晚會，當時便拿出極地的冰川水以及略帶淡藍色的冰塊招待我們。

冰川水是由呈現夢幻藍色的藍冰所化。南極水極為清澈，比游泳池的水還要乾淨，透明的純水在陽光照射下呈淡淡的藍色，透明的冰也是如此。由於它曾埋在冰層底下，飽受巨大壓力推擠，不知經過多少萬年又再度露出地表，藍冰鎖住的是千萬年前的微小氣泡，冰塊一融化，裡頭的高壓氣泡隨之釋出。藍冰由

曾出現在高雄的南極藍冰。

固態轉變為液態的過程，不但釋出久遠於人類歷史紀錄前的空氣，還融出最乾淨的純淨之水。杯中美酒加上些許藍冰，品嘗一小口後，再聆聽從冰塊冒出的氣泡聲，品酒頓時間變成聽覺、味覺，以及看著杯中奇幻莫測的藍冰之視覺等三重享受。

中山站一旁雖有莫愁湖水可作為飲用水，但站區南方的冰蓋在夏天會融出極為純淨的冰川水，雪地車經過時，總會載上幾桶回站上提供飲用。我協助提桶裝的冰川水進庫房時，不知怎的忽然遙想起雪龍號造訪高雄真愛碼頭，在船上品嘗美酒佳餚的那場饗宴。

忙完庫房置水工作後，邀約隊友曾慶儒一同去碼頭釣魚。這天下午除了捕獲大頭魚及紅海星外，最重要的是一種小型甲殼類。原本預期抓到一些蟹類或大型的大頭魚，卻意外抓到如玉米粒大小的小生物。

我將這種長得怪異、色澤極為鮮豔亮麗的甲殼

夏天時中山站周遭純淨的冰川水。

深紫色、拇指大的小海膽，身上的棘刺完好。

意外抓到色澤鮮豔亮麗的「恐龍蝦」。

生物暫時取名為「恐龍蝦」。這種甲殼類體形實在太小，網具的網目又過大，能卡上這種小蝦全是意料之外。它們被捕全是因太過於貪吃而擠進放置餌料的小網袋們。不起眼的餌料袋一次能打撈百餘隻這種小蝦。

小蝦的活動力似乎很旺盛，將牠們放在冰上排列整齊準備拍照時，蝦子不停的伸展及捲曲。由於冰上溫度太低，這些漂亮的甲殼生物十分鐘後活動力開始下降，一放回冰縫的冰穴水中，才又恢復生龍活虎的樣子。

被網具捕上岸的，還有一種小海膽，外觀呈現深紫色，體形迷你，僅有一個拇指頭大，在網具外層柔軟尼龍線層層保護下，牠們穿越過冰泥時身上的棘刺都難得且完整的被保留。

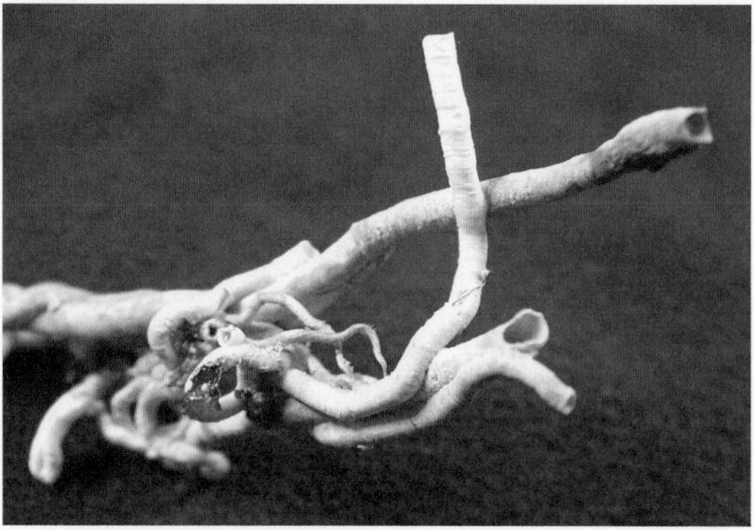

熱帶海域常見的條狀管蟲竟出現在南極海域。

除了上述生物外，網具裡還卡住一種條狀管蟲，這種管蟲外殼呈白色，有類似螺貝類的碳酸鈣管子，在熱帶海域很常見。管蟲本體躲在自製的硬管中。這相同外形但可適應極地水域的管蟲，居然不可思議的在離臺灣幾萬公里外的南極中山站海域被捕獲。

到中山站採集生物樣品，就屬這天下午的成果最為豐碩。這一夜趕忙整理出紀錄照片發送回臺灣，讓海生館的同事們進行外觀形態的初步鑑定與比對。

帝王企鵝的新鮮糞便

南極稱作「企鵝島」的地方至少上百個，中國長城站有一座，澳大利亞戴維斯站周邊有一處，凱西站附近也有一個。每個極地工作站附近，只要小島上聚集了大量的企鵝，都理所當然被喚作「企鵝島」。

中山站的企鵝島位於站區前往戴維斯站途中。直升機飛行約十五分鐘內即可抵達。紅色卡32直升機離地不久後，我探頭往下望，站區外海一片片海冰好像沒有半點化開的意思。中山站東南側的大冰架呈現凹字形，站區剛好位處凹字開口的一側，只要是吹著東風的夏季，冰架上持續不斷往下塌陷的浮冰都會往外漂散，最後聚集在中山站外海。

這一道南大洋與冰原的藍白交界，往南綿延至內陸冰蓋那似乎沒有終點的盡頭。交界線以南是一片片漂散在海上的浮冰。浮冰群在冬季時連為一體，到了盛夏季節，高溫迫使它們彼此離散。這片潔白冰原與湛藍海面交會，鋪陳手法極為細膩，冰海各

從空中鳥瞰成群帝王企鵝有如蟻聚。

自占據領域，冰原絲毫沒讓它如宣紙般的潔白純淨沾染半點濃重藍色墨水般的南大洋。

直升機降落前數分鐘，飛行高度逐漸降低，從窗口可望見冰原周邊聚集眾多海豹和阿德利企鵝，卻不見成群的帝王企鵝。機身再次降低後，轉眼間已到長一千公尺、寬八百公尺，位居中山站東北側離站區約二十二公里遠的企鵝島上方。直升機一震，成功著陸企鵝島，螺旋槳轉速稍稍降低，考察隊員們火速鑽出小艙

中山站企鵝島周遭，潔白浮冰漂散於湛藍海面上。

門，直升機隨即以槳葉下的十級風暴跟我們道別。

先前我對帝王企鵝一點概念也沒有，只曾聽聞與牠相似的國王企鵝一隻要價高達四萬美金（約新臺幣一百二十萬元）。到了南極，科考班的小熊班長告訴我，帝王企鵝是南極七種企鵝中體形最大者，也是唯一能在南極越冬的企鵝。企鵝島是中山站區附近，帝王企鵝的最大聚集地。

這裡的帝王企鵝十二月下旬紛紛游出海面覓食，把自己撐胖，儲存體脂肪。三月是帝王企鵝交配的季節，五月母企鵝上岸產卵後，先回海裡找東西吃，公企鵝負責孵蛋，把蛋放在腳上保暖，這個過程持續約六十天，足以讓公企鵝瘦身十公斤。

七月小企鵝們先後破殼而出，母企鵝回來守護並餵食小企鵝，讓公企鵝回到海上進食。母企鵝將海中捕回的食物反芻以口對口的方式餵食小企鵝，經過四個多月後，十一、十二月小企鵝便開始換毛，並開始練習游泳。小企鵝褪掉雛毛後，即可下海自行攝食，帝王企鵝就這樣世世代代在南極繁衍後代。

大夥屏息凝氣開始找尋帝王企鵝，結果正如小熊先前所說，企鵝們似乎都已離開企鵝島了，尋找了許久仍然不見蹤影。在冰面走了一會兒，我們發現冰裂縫間掉入許多來不及長大、體色仍呈現白灰色的小帝王企鵝屍體。極地沒有蚊蠅，低溫也生不出蛆蟲來分解屍首。大家皆默默不發一語，安靜的走過這怵目驚心的一段路。

離開冰層，登上岩盤，我們發現了企鵝糞土。此處帝王企鵝的數量曾高達上千隻，冰面的企鵝糞經過日曬，漸漸沉入積雪之中，等到冰雪全部融化，底層若不是沙質地形，岩石的凹陷處便會匯聚一些企鵝糞土。企鵝糞土層上長滿了青綠色地衣，

孕育鮮綠地衣的企鵝糞土。

撞見剛要換掉雛毛的小帝王企鵝。

小帝王企鵝留下一坨熱騰騰的糞便，成為當日採集最珍貴的標本。

這些糞土似乎特別營養，在這天寒地凍的環境裡，居然能孕育如此鮮綠的植被。

我毫不客氣拿出採樣器具，挖掘帝王企鵝的糞土樣本。岩盤上除了糞土層，周邊也能見到企鵝羽毛，其中呈現棉柔白灰色是小帝王企鵝剛換下的雛毛，而一整根硬質的羽毛多半是大企鵝的尾毛。採集過程中，我幸運的撿到了一整片疑似賊鷗吃剩後遺留下來曬乾的企鵝皮。

離開企鵝島前，我們終於幸運撞見一隻彷彿理了奇特龐克頭的小帝王企鵝。這隻小企鵝年齡不到一歲，頭上那撮高翹的羽毛是快掉落的雛毛。小企鵝不知是看到我們很緊張，還是牠知道我正需要新鮮的帝王企鵝糞便，一剎那間，在潔白的雪地上留下一坨冒著煙、熱騰騰的糞便。這一坨企鵝糞便是當天採集標本中最為珍貴的一件。

幸運撿到一整片疑似賊鷗吃剩遺留下來的企鵝皮。

Part B

零下任務

考察站地球村

文／郭富雯、林家興

走訪智利、烏拉圭、韓國、俄羅斯極地站

按：二〇〇九年雪龍號在南極的中國長城站停泊的時間，不超過一星期，郭富雯登岸踏上該考察站的時間僅一天。而隨後從臺灣搭機前來的隊友林家興及許廷煒在長城站待了一個月，並參觀了長城站周邊的智利、俄羅斯、韓國、烏拉圭等國的考察站，在天候許可的條件下，乘橡皮艇在附近海域進行標本採集。

二〇〇九年十一月十二日凌晨三點雪龍號下錨的鐵鍊響著，告訴仍在睡夢中的隊員：中國長城考察站到了。

長城站是中國一九八五年在南極建立的第一座常年性極地研究站，它不在南極大陸內，而是距離南美洲僅一千多公里遠，在南極洲喬治王島西部的菲爾德斯半島上。長城站所在位置是整個南極考察站設立最密集的區域。喬治王島面積一千一百六十平方公里，就設有十個不同國家的考察站，可謂「南極的地球村」。居住此地人口約五百人，加上至南極旅遊的遊客僅需航行兩天便能到此朝聖，因此喬治王島可說是整個南極人口密度最高的區域；離開長城站至野外考察作業也常有機會遇到不同國度的人，不同國家、種族的人們聚集在此，帶來了不同的風俗與文化。在僻靜的南極，說這裡是「南極的嘈雜菜市場」一點也不為過。

雪龍號停泊在阿德利峽灣，座落於ㄇ字形的馬克斯威爾海灣（Maxwell Bay）內，離岸不遠，透過望遠鏡可以清楚看見長城站的主建築物。長城站左側為智利站及俄羅斯站。山巒右側佇立著一座俄式教堂，是群山中的地標，教堂的左邊架設著許多細長的無線電塔。老隊員說，此處智利站屋舍密度最高，大大小小建築物就像個小村落，其中一棟建築是小學，供給智利軍官的小孩就讀。智利站是全南極唯一有國家軍隊駐守的考察站。

十一月中上旬的長城站海灣外的海冰幾乎全部化開，由雪龍號放下的工作小艇可直驅長城碼頭。到長城站首日，船上領導採用澳大利亞S76這種機動性較佳的小直升機，載運乘客及運補青菜蔬果。

我坐上直升機，隨著高度抬升，看著船體逐漸變小，乃至海上的巨大浮冰，沒幾秒後瞬間縮小了千百倍。從空中鳥瞰，長城站恰好位於積雪染白的山麓與深藍海面之間，之後飛行高度下降，原先有如模型的建築物又快速放大。任憑我張大雙眼認真搜

從停泊在阿德利灣的雪龍號上，眺望長城站。

尋，就是找不到雪地上的停機坪。原來在我們抵站前幾天，大雪紛飛覆蓋了停機坪，站區人員只好為S76直升機找一處較為紮實的雪地當作臨時起降場。

南極圈外的沿海地區，通常一進入夏天，積雪便化開，大地得以見日。受到日前大雪的影響，我們初登上長城站並未踩著南極陸地，而是深度及膝的膨鬆厚雪，在雪地上留下一串深深的足跡。

有如小村落的智利站

在長城站周遭友站中，規模最大的當屬智利站。智利在南極具有距離上的優勢，智利人在喬治王島大興土木。該國在此處的站區包括空軍費雷站（Frei）、海軍站（Freldes radio）、極地所站（Inach）及機場站（Marsh）。

喬治王島上，Marsh是唯一的機場，由智利人獨力建造。冬季運補船不能前來時，各項物資補給都必須仰賴空運。從智利最南端的城市彭塔乘智利空軍的大力神飛機，只需三小時就可到達喬治王島。

智利站又稱為「智利村」，站區建築物密集，自成一個小村落。來此參觀，發現智利站一旁還有俄羅斯站，若不是掛著國旗，初來乍到的訪客很容易誤以為俄羅斯站是智利站的延伸。

經由智利人員解說才知道：俄羅斯站原為智利人選定為空軍基地的一部分，但俄羅斯人捷足先登，雙方土地利用的紛爭至今未了。積雪時，根本分不出兩國的分界線；夏天時融雪匯成的小河是兩站的國界。

在智利站長引領下，我們見到智利人最引以為豪的南極學校。智利軍人長期駐紮於南極大陸，軍人家屬容許以依親名義留在南極地區，智利人因而在此地建立學校，方便小孩受教育。學校整體的硬體設備非常舒適，麻雀雖小但五臟俱全。全校頂多只

智利站建築物密集，有如一個小村落。

有十幾個學生，卻有電腦教室、投影機、攝影機和動植物標本室等。

智利人相當重視極地環保及綠色能源問題。他們擁有熱力發電設施，每年這項投資的經費頗大，經評估發現這裡的風力發電比熱力更具經濟效益，因此已經著手進行南極風力的研究與評估，相信他們在此成功設立風力發電系統是指日可待的。

有木造教堂的俄羅斯站

首度抵達俄羅斯站區時，不解為何會有俄羅斯與德國兩國國旗，原來俄、德兩國具有合作交流協定，所以兩站合併，但俄羅斯先建站。起初不見任何接待人員，讓前去參訪的每位隊員面面相覷。正當大家懷疑是否記錯時間，一位醉醺醺的金髮男子走了出來，原來是俄羅斯站長。

他先為接待來遲向眾人道歉，並解釋道：「新年派對氣氛太high，所以酒喝多了。」大家納悶元旦新年不是已經過了一個星期了，怎麼還在慶祝呢？原來俄羅斯人非常重視新年，就如同我們看待農曆新年，通常會連續開好幾天的派對。俄羅斯人樂觀開朗且帶有浪漫的藝術氣息，對於任何節日都是傾全力投入，新年派對也不例外，他們可以high到天塌下來依然談笑風生。

俄羅斯站長向大家介紹站上共計二十一位研究隊員，其中有五位德國籍研究員，並帶著我們參觀站上設施。參訪時見到一間令人印象深刻的房間，裡面擺放了大約上百片三十年前的舊時代電影。影片盒就像一塊大的Pizza盒，非常有趣。

另外一棟比較特殊的建築是木結構的俄羅斯教堂，位於站區北面山上。大多數俄羅斯人為東正教徒，上教堂對他們非常重要，牧師也會不定時為科考隊員作心理諮詢。

俄羅斯站有俄羅斯和德國兩國國旗。

參觀設施後，俄羅斯站長隨即引導林家興拜訪知名的德國學者彼得·漢斯（Peter Hans）的研究工作站。漢斯在南極主要工作是進行鳥類生態調查，包括南極鳥類的產卵期、孵化期、幼鳥成長及成鳥的捕食情況等，最後針對這些鳥類進行追蹤，了解其遷徙過程。

大多數俄羅斯人為東正教徒。牧師會不定時為科考隊員作心理諮詢。

俄羅斯站木結構的教堂。

第二次再參觀俄羅斯站，主要拜訪俄羅斯年輕的海洋生物學家Vitaly，他擁有豐富的南極海域調查經驗，非常了解阿德利灣的海洋生物種類。Vitaly在阿德利灣設定了兩個觀測點，在冰蓋上也設有觀測點。根據觀測數據的統計分析結果，發現近幾年南極大陸的淡水湖中植物性浮游生物的數量及種類分布並無顯著變化，但海水中植物性浮游生物的數量及種類相對變少。他說，很可能是全球環境暖化造成融雪增加，進而影響海洋植物性浮游生物的生存。

諸多海洋生物中，最令人感興趣之一的是赫赫有名的南極蝦。可惜此次前去南極時值盛夏，無緣見到盛產於冬季的南極蝦，聽說盛產期海水退潮時，站在岸邊就可以採集成千上萬的南極蝦，真是不可思議。

猶如五星級度假村的韓國站

相當明亮新穎的韓國站，有如五星級度假村。

韓國站與長城站隔著馬克斯威爾海灣，我們乘坐橡皮艇前去參訪。一抵達韓國站，映入眼簾的是一棟新建約三年的白色巨型建築物，廣場上有座人形雕像，紀念二〇〇三年一位殉職人員。當時有批韓國研究人員出海進行科學考察，天候及海況不佳，受困於海上，該員接到訊息不顧自身安危，開著橡皮艇出海救人，然而暴風雪過於強大，在救援任

韓國站2003年殉職人員紀念雕像。

務中，不幸犧牲了性命。之後，韓國政府便在韓國站新添購了一艘破冰船，並為這名捨己救人的勇士樹立紀念雕像。

韓國站大約有二十名研究人員，其中也有研究者來自日本等其他國家。現任的韓國站長是研究海洋浮游生物，他的博士論文是二十年前在南極地區完成的，讓人敬佩他過人的勇氣和毅力。

韓國站及其實驗室研究設備相當新穎先進。研究中心有兩座主要實驗室：一座是生物實驗室，進行動植物研究；另一座是地質實驗室。實驗室非常明亮，規畫完善，感覺相當專業。研究中心裡有座栽培有機蔬菜

韓國站實驗室設備新穎先進。

的溫室，一旦新鮮蔬菜運送有問題時，便可在溫室種植有機蔬菜。另外，還有一間專門的潛水裝備室，有兩名潛水科學家。他們擁有冷水域專業冰潛技術，除了本身的研究工作，也協助其他研究人員採集水下樣品。

橡皮艇是韓國站仰賴的海上交通工具。如果沒有橡皮艇，哪都去不了。韓國站共有四艘橡皮艇，都配有雙馬達，航速比一般橡皮艇還快。南極地區終年冰雪覆蓋，儀器設備放置在低溫下太久，很容易損害，因此他們為這四艘橡皮艇設置一間特別的倉庫，設有空調系統，終年溫度維持在攝氏十五度左右。

除了一般娛樂設施外，韓國站增建了室內足球場和模擬的高爾夫球場。韓國政府對科考隊員的休閒娛樂考量真是周到，住在韓國極地考察站猶如入住五星級度假村般舒適。

韓國站有專門處理廢水的系統，並有非常專業的過濾系統，也包含紫外線殺菌裝置。除了中央調控的空調系統外，尤其特殊的是，他們利用引擎轉動產生的熱氣供給建築物內部暖氣；如此充分利用廢熱氣大大降低了能源消耗，是非常好且聰明的綠色節源措施。

只有九個人的烏拉圭站

烏拉圭站建在靠近菲爾德斯半島南邊的科林斯冰蓋（Collins Glacier）及科林斯灣外，是離長城站最遠的一個考察站。

前去參觀當日，路況預報雪地車無法載我們直接進入烏拉圭站，需步行約一個半小時。步行途中經過了基太克湖（Kitezh Lake）及格魯玻科湖（Glubukoe Lake）等地。天氣晴朗，湖面如鏡，兩旁山色及雪景倒映湖中，十分美麗。在深達半公尺的雪地上行走頗辛苦，但有機會與大自然近距離接觸，充分感受南極湖光山色的雄偉壯麗，是很難得的體驗。

烏拉圭站給人的第一印象是站區很小，建築物不多，有五、六間建築物，但醫療室、宿舍、活動中心及實驗室樣樣皆備。實驗室的空間很小，擺放幾張桌子、電腦和一臺顯微鏡。宿舍可容納五十人以上，生活區域及廚房非常乾淨。

整個烏拉圭站區只有站長、醫生、一名潛水員、兩名通信人員、兩名機械師、一名研究人員及一名廚師，共九人。其中，潛水員的角色非常有趣，他並不需協助研究工作，主要任務是維持海域清潔、清除垃圾。研究人員主要從事臭氧的研究工作。

最特別的是，烏拉圭站還販售其傳統的「Mate」烏拉圭茶。Mate是由一種稱作「yerba」的草本植物烘焙而成。南美洲盛產的yerba，有特殊香氣，乾燥後的葉片以熱水沖泡，是南美洲很常見的傳統飲品。一杯正宗的Mate，一定要有這三個傳統元件：木製茶杯、鋼製吸管（bombilla）及yerba。木製茶杯造形特殊；鋼製吸管構造也很特別，在吸管底部有個濾嘴，可濾掉茶葉渣，這種吸管早在十八世紀就已經開始使用了。Mate是烏拉圭站非常受歡迎的伴手禮！

步行前往烏拉圭站，途中經過基太克湖。湖面如鏡，山色、雪景倒映湖中，十分美麗。

烏拉圭站販售的烏拉圭茶，是很受歡迎的伴手禮。三個傳統元件：木製茶杯、鋼製吸管，還有茶葉。

烏拉圭站給人的第一印象是站區很小。

超環保的澳洲站

一九八五年中國於西南極的喬治王島成立第一座考察站長城站後，緊接著一九八七年於東南極大陸著手第二座中國考察站（即今中山站）的現場選址籌劃工作。選址之初，經由澳大利亞協助，戴維斯極地站西南方約一百公里外的勞基地（Law Base）成為中國中山站創站隊員暫駐的據點。勞基地距今中山站南方約一‧五公里，一九八〇年便已設立。可以說，沒有澳大利亞的協助，中山站很可能便不在今日這個位置。

與中山站相距約一百公里遠的戴維斯站，是南極排名第四大的研究站。從中山站開雪地車前往需費時三天，搭乘破冰船要半天，若搭乘直升機僅需五十分鐘便能抵達。

第二十六次南極考察隊進駐中山站之後，胡站長幾次規畫前去拜訪戴維斯站，都巧遇大雪而無法成行。某個晴空萬里的早上，站長與中山氣象站張主任討論後，決定

空中鳥瞰戴維斯站，地理位置相當好，船隻運補作業容易。

在難得的大好天氣前去戴維斯友站。為節省時間，我們一行人搭乘卡32直升機前去。卡32機腹下方的掛鈎載重量可達五噸，但機艙內並不寬敞，連同兩位正、副駕駛，乘員全部為十六人。

對戴維斯站的第一印象是：地理位置相當良好，同樣季節，中山站碼頭外仍是浮冰片片，此處碼頭外的浮冰卻幾乎全部化開，儘管海灣外遠處仍有幾塊碩大浮冰，但放眼望去，湛藍清澈的海水居多，因此在這裡船隻的運補作業比起中山站容易許多。

在南極除了企鵝外，也常見到海豹。戴維斯站碼頭周邊沙灘，每年二月，成群的象海豹由此處上岸求偶。體重達五噸的象海豹，一隻隻懶洋洋的躺在沙灘上曬太陽，它們移動的模樣及速度相當笨拙，但是為了擇偶，打起架來相當凶狠。細看之下，許多公海豹的脖子上皆傷痕累累。在中山站周邊友站常常可以見到海豹，但要一次看到眾多象海豹同時上岸的奇觀，唯有在戴維斯站了。

我們參觀的路線從修車場開始，一進室內，維修工具一應俱全，從螺絲、皮帶，還有五金用品等備料，物件相當充足，排放非常整齊，猶如專業的汽車維修廠。等我們參觀放置輪胎的區域時，中山站機械師委託我們帶過來修補的超大型推土機內胎，已經由澳方維修技師補好，正在進行打氣測試。澳方人員的效率及專業程度真的沒話說。

接下來參觀大型雜貨屋，裡頭放置了鏟子、十

象海豹體重達5噸。在戴維斯站，可一次看到眾多象海豹同時上岸的奇觀。

字鎬、繩索扣環，還有許多我們沒見過的雪地用品，儘管擺放的皆是舊品，但令人印象很深刻的是，借用歸還時，都會立刻安置回原處，放得井然有序。

戴維斯站周邊並沒有險峻的山嶺，雜貨屋卻有成堆的繩索及扣環。原來南極一入冬後，日照時間變短，甚至會出現永夜現象，這時外出若遇雪暴會有致命危險，因此備用這些輔助工具。過去在某個極地站，就曾經發生研究人員走出門口不久，回程找不到大門而死在戶外的例子。令人大為訝異的是，屍體居然是在距離大門口不到十公尺的地方找著。因此在南極有些建物之間常見到一根根立在地上的鐵條，入冬之後，不論戶外刮起多大的雪，視線如何不佳，只要沿著鐵條上所繫的繩索就能找到不同建物的入口。藉由繩索作為方向導引的做法，全世界上大概僅見於極地吧。

戴維斯站內整齊的工作間。

轉個彎離開雜貨屋到隔壁，見到一個個以鐵網作隔間的小貨倉，放置著小推車、雪地工具、小拉車等更大型的雜物。走道末端還有些漁具用品以及兩艘四十馬力的橡皮艇，這些大型雜物亂中有序的排列著。

前面這兩棟建築規畫管理的進步程度，已令我們驚嘆連連，接下來更教人無法置信的是，我們居然在另一棟建築內看到類似大賣場的全自動倉儲管理系統。置物櫃上放置的物品不僅井然有序，需要取貨時，只要按個鈕，超大型的貨架便會左右移動，再由電動堆高機取下貨架上的物品。

隨後我們路過一棟名為Fire tender shelter的紅色鐵皮建築，這棟建物顧名思義擺放了消防車之類的機具。南極氣候異常乾燥，尤其周遭都是冰的環境，水源不容易取得，火災一發常不可收拾。

這棟建築物的角落有個白色圓筒狀裝置令我雙眼為之一亮。那是一部可移動的小型減壓艙。潛水人員在進行冰下的深水域作業時，身體一旦蓄積太多氮氣，而感到不適，可藉由這種減壓艙排除體內的殘留氮氣，避免發生潛水伕病。這部減壓艙設計十

在戴維斯站竟然見到大賣場才有的全自動倉儲管理系統，真是令人難以置信。

全自動倉儲管理系統取貨十分便利。

分輕巧，可載運至澳洲其他的極地研究站。澳方的極地管理單位規定，冰下潛水周邊不允許沒有減壓艙，由此再次窺見他們隨處落實「安全重於一切」的觀念。

盛夏期間，戴維斯站碼頭外的冰面化開，研究人員可以搭乘橡皮艇隨意到周邊海域進行水下作業。到了冬季表水凍結成冰，若要由厚冰進入水下，便需採用巨大的鑽孔機具在冰面鑿洞，讓潛水人員可以跳入。冬季潛水與盛夏期間的差異在於潛水員在水下無法任意上浮至水表，呼吸新鮮空氣，僅能由固定的孔洞進出。為了讓潛水員在潛水氣瓶的空氣耗盡之前，找到可以浮出水面的孔洞，潛水員進行任務時，身上大多會繫上安全繩。

除了上述的幾棟建築物，其他如自來水廠、直升機場，發電廠等，各項設施的軟硬體都相當完善，值得一提的是，各建築物放置的滅火器數量相當驚人，在我們認為只放一支滅火器就足夠的位置，往往會放上三到四支，而且每棟建物外都設置有消防水栓。戴維斯站整體給人的感覺就是安全、整齊，而且對環境保護與資源回收規畫得相當完善。

白色圓筒狀減壓艙設計輕巧，隨時可載運至澳洲其他的極地研究站，可避免發生潛水伕病。

戴維斯站榮登規模第四大的極地考察站，果然不是浪得虛名。行走在這站區，彷彿置身在澳洲某個小城鎮，很難想像我們居然是在南極大陸上。這座已有三十多年歷史的南極研究站，實在是相當好的典範。

中山站方圓百里的友站包括了印度站、俄羅斯站以及澳洲站等。中山站二十多年前和現在的印度站一樣，才剛開始開疆擴土，目前規模已超越俄羅斯站，並快速緊追在戴維斯站之後。

勞基地之行

到勞基地一遊是個很偶然的機緣。班表更動後，原先打算至海邊採集潮間帶的生物樣品，但小熊班長提議去勞基地。隨後和小威三人討論出共識，並取得站上同意後，當下決定了勞基地之行。

由生活棟出發，沿著往西南高地的黃泥路走到頂端，那裡置放著成堆要搭建無線電塔的鐵架。由這座工地往南邊步行十多公尺，遙望遠方不難發現幾座微小紅點，便是勞基地。從西南高地徒步至勞基地至少需一小時，沿途滿是奇岩異石與冰川雪海的秀麗美景，我們不知不覺上下了好幾次大崖坡，終於距離勞基地越來越近。

勞基地是澳大利亞南極局設立在拉斯曼丘陵的一處科考營地，平時沒住人，一旦澳方隊員需在拉斯曼丘陵活動時才會暫居於此。主建物是一棟外觀普通的長方形小

勞基地造形奇特，讓人有如走進「星際大戰」電影中某個不知名的星球。

房，內有廚房及客廳；其他較小的紅色營舍外觀就像剖半的紅蘋果，孤寂座落在拉斯曼丘陵。歷經多年風雪及日曬，球形建物的紅漆褪去些許顏色，也失去光澤。半圓形建物理論上抵抗強風的效果最大。但因處於極地丘陵上，深怕被雪暴吹走，四周還以鋼索固定。紅蘋果座落在奇岩亂石之中，讓我們有如抵達電影「星際大戰」裡某個不知名的星球。

澳洲站營地非常整潔，周邊竟看不到任何廢棄物。澳洲地處南半球，距離南極很近，貨物往返及醫療等後勤保障皆較其他國家有利。澳洲人用直升機載走所有的垃圾，包括廚餘及廢汙水，甚至連排泄物也有專用收集桶，說他們是一個非常愛乾淨同時也愛護南極的國

俄羅斯進步二站有如軍營，建物多土黃色系。

家，一點也不為過。

返回中山站，我們選擇了不同的路徑，直接走向俄羅斯大坡。這是我首次徒步經過俄羅斯站，緩緩步行正好可以近距離觀看俄式極地建築。俄羅斯站比較像軍營而非研究站，建物外表多數以土黃色系居多，礫石地上停放許多履帶車，這些車輛怎麼看都像軍用車輛。俄羅斯站的車輛雖多，故障廢棄的也不少，海邊以及山頭各有一處堆放廢棄機械的場地。

俄羅斯站與澳洲站兩者實有天壤之別，兩站的設站時間皆比中山站久，但一處屬於開發中，另一處則是經過完整規畫、開發完成的現代化極地站。

只見貨櫃屋的印度站

印度站位於中山站西南方，直線距離約七・五公里處。初到中山站，有隊友說曾在站區附近見過印度人，我原以為印度友站距離中山站不遠，沒想到距離我們那麼遠。（ps：在雪地行走一公里感覺與平地差很多。）

中山站、俄羅斯進步二站附近都有水源，印度即將設立的新站也不例外，不但擁有一座大湖，海岸旁也正在興建一處小碼頭。還沒落成的小碼頭外，海面水波粼粼，幾乎沒有半點碎冰。印度站未來在海上運補方面，似乎比起中山站或進步二站更具地利上的優勢。

印度人二〇一〇年才開始進駐拉斯曼丘陵，除挖掘港口、修築道路外，丘陵上堅硬的岩塊周邊還見到置放了紅色的管狀炸藥。工人們正使用油壓鑽孔機在岩石上鑽洞，要放入雷管鏟除一些岩塊。

拉斯曼丘陵上幾乎找不到一處地勢平坦、附近有湖泊、離海岸不遠的天然基地，

即將設立的印度站極具地利優勢。

因此要在此設立極地研究站，唯有引進吊車、推土機以及挖土機等重機具前來開挖。除了超重型的機械設備外，印方也闊氣的租用了韓國卡32大型運輸用直升機。這部粉紅色的大蜻蜓去年由中國極地中心租用，韓方部分直升機組人員還曾入住過中山站。在碼頭不遠處擺放了兩部PB-300大型雪地車以及一部雪地摩托車，是南極不能少的雪地運輸工具，只是盛夏這一兩個月，地上少了厚厚的積雪，這些大傢伙暫時還發揮不了它們的作用。

回憶於紐西蘭基督城參觀極地博物館時，得知印度與中國同樣於一九八三年加入《南極公約》。過了二十多年，中國站以中山站為出

興建中的印度站僅有一兩個印有印度南極考察隊徽的貨櫃屋，提供隊員暫時遮風避雪。

發地二次前往崑崙站的同時，印度人才開始著手建立拉斯曼丘陵上的極地研究站。

目前印度站的基地仍看不到任何建築，僅有一兩個印有印度南極考察隊徽的貨櫃屋，供隊員暫時遮風避雪。中山站一棟大型建築物平均三年才建設完成，印度人蓋極地站需多少時日，預計投入多大規模，目前暫時無法得知，但可確定的是，日後中國中山站附近除了俄羅斯人及澳洲人外，印度人也將成為新鄰居。

丘陵上的雷達天線陣

中國極地中心在高空物理探測有相當卓越的研究成果，多年前即選定中山站西南方丘陵高地規畫為探測高空物理電波的雷達陣地。經過多年開墾，終於在二十五次考察隊離開前將山丘頂端夷為一處平坦的高地。

二十六次考察隊的中山站胡站長，是位具有高空物理專長的頂尖研究員。這梯次中山站與高空物理相關的建設工程，除西南高地的高頻雷達外，另一項便是座落於三槳風力發電機旁，外形像漢堡的高空物理觀測棟。這兩項工程的軟硬體設施全部完工後，胡站長便可採用最新一代的儀器設施，解析中山站上空的高空物理現況。高頻雷達天線的架設及啟用得在這次度夏期間結束前全部完成，進度上有急迫的壓力。

雪龍號剛抵達中山站海冰外緣，雪地車進行冰上卸貨時，前幾批進站的物資之一便是架設雷達天線的相關器材。負責組裝天線的工程班隊員也是安排在前幾批就乘坐直升機進中山站。設計及組裝工程師在第一時間帶著測量器材，頂著寒風大雪在西南高地標定埋設天線基座的精確位置。隨後雪地車送進鋼筋鐵材，工程人員接著在天線地基上設立鐵製框架，為設立起一根根的天線做好萬全準備。

到中山站初期，我多數時間都往海濱跑，西南高地對我而言，是個完全陌生的空間。元月上旬雪龍號確定無法抵站接送我們至澳洲後，我始有時間至站區周邊及西南高地。由於工程與科考兩個班同屬於度夏梯隊，通常在對方需要人手幫忙時，各班班長會居中協調，請隊員相互支援。正好工程班缺人手，我才能名正言順的登上高地協助天線陣的架設。

西南高地架起的第一根天線。

在西南高地完成第一根天線架立後，現場風勢突然增強，一會兒居然飄起片片雪花，第二根天線已由吊臂吊起，好比箭在弦上，不得不立即完成架設。風雪漸大的西南高地，大家屏氣凝神看著那根天線，現場安靜得彷佛只剩下工程人員調整天線角度的吶喊聲。起重機排氣管噴放的熱煙在遽降的氣溫下，更顯濃郁。在工程班人

鳥瞰規模龐大的天線陣基地。

員的堅持下，第二根天線終於設立完成。就是這種不畏苦不怕寒的精神，讓天線陣能在度夏期間如期完工。

佇立於西南高地的天線，數量居然高達六十四根，高聳、壯觀的模樣用「天線陣」來命名絕對合適。

為何要在極地架立規模如此龐大的天線陣？在南極大學聽講時，胡站長曾說高頻雷達站的觀測，主要是測量太陽風場經過極區射入的輻射粒子。這種粒子受地球的磁場影響，僅能從地球兩極射入，這也就是為何只有在高緯度的南北兩極才看得到極光的原因。一根根高頻雷達天線佇立於此，將負起接收從外太空傳入電離層粒子的重責大任。

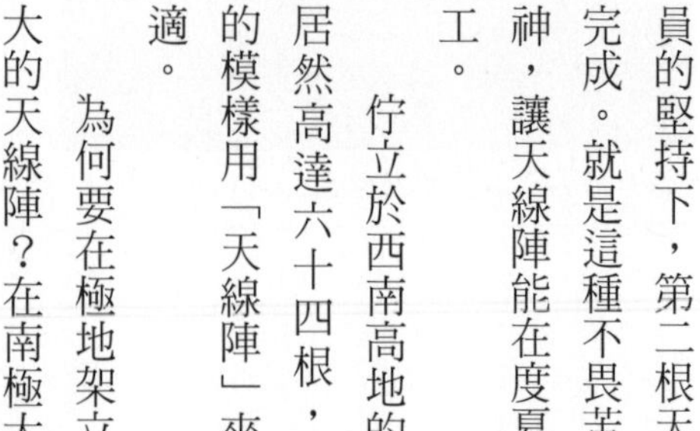

架設天線同時，在一旁組裝配件的隊員。

內陸隊在冰穹上拚搏

二〇〇八年之前，中國南極科學考察分成中山隊、長城隊、大洋考察隊，以及前進南極內陸在海拔約兩千五百公尺作業的格羅夫山隊。二〇〇八年之後，第二十五次中國南極考察隊在冰穹Ａ（Dome A）成立崑崙站，該年開始，格羅夫山隊與崑崙隊整合成南極內陸考察隊，簡稱「內陸隊」。

冰穹：不可接近之極

南極大陸的冰穹是深厚積雪堆成的大圓丘，地形起伏不大，也沒有極區沿海的超強陣風，但是氣溫寒冷，降水量少，加上不易到達，因此有人稱冰穹是「不可接近之極」。然而各國紛紛前進冰穹，除了有科學考察層面的意義外，能上冰穹順利建站亦是國力的展現。目前中國據立冰穹Ａ（海拔四千零八十七公尺）、日本占據冰穹Ｆ（海拔三千八百一十公尺），法國和義大利共同籌建建站於冰穹Ｃ（海拔三千二百三十三公尺）。

中國內陸隊以中山站為出發集結處所，所有物資全由雪地機具拖行上山，事前準備工作相當耗時，重要的油料、食品等需要攜帶多少的量，都得經過仔細計算。內陸隊隊員工作地點稱為「出發地」，位於中山站南方直線距離約六公里遠，終年積雪不化，地貌平坦。

離站出發前夕，內陸隊員忙得不可開交。通常中山站隊員吃早飯時，內陸隊員便已離開中山站，離站前幾天，所有內陸隊員幾乎都在晚上十點後才回寢室。

中山站在內陸隊出發當天中午，舉辦一場烤肉餐會歡送內陸隊成員，讓他們好好享用二○○九年在中山站的最後一餐。這場烤肉活動也一併進行中山站第二十五次越冬隊與二十六次度夏隊的交接儀式。中午十二點整開始烤肉活動，雪龍號上的領隊、重要幹部，二十五次

中國站採用雪地車運送建材前往內陸冰穹。
圖為內陸隊車輛上裝載沉重行李。

隊越冬、二十六次度夏隊員幾乎全部到齊，唯獨不見內陸隊的大批成員。原來他們仍然待在出發地，利用僅剩幾小時不到的時間做離站前的最後暖身，僅有一兩位內陸隊員代表前來參加這場為他們特地舉辦的活動。

中國以陸運深入南極內陸

餐會後，我受邀一起前往內陸隊的出發集結地參與歡送儀式。通常從中山站乘坐雪地車至出發地，要花費一個小時；乘坐直升機，不到五分鐘便可抵達平坦臺地。這裡是世界上獨一無二以雪地機具前往內陸冰穹的集結基地。其他國家現階段深入南極內陸的方式，多依賴固定翼飛機；唯有中國站是採用陸運，由車輛運送建材。陸運的優點是成本低，可帶進的物資要高出空運許多，但缺點是一路走來會遇到許多厚雪掩蓋的冰裂縫。這些即將前往內陸的冰穹英雄們可說是冒著生命危險，無時無刻與險惡的環境拚搏著。

內陸隊配有一名廚師調理三餐。內陸隊的廚房設在裝有雪橇的貨櫃屋裡，裡頭有

內陸隊的行動廚房配備齊全，最特別的是有把大圓鍬可用來鏟雪煮開水。

調理臺，抽氣櫃、瓦斯桶、數個小餐桌、電暖爐，最特別的是鋼製大湯桶內放了一把大圓鍬，是用來鏟雪煮開水的重要工具。內陸隊廚師每天在這狹小卻又配置齊全的空間裡為大家烹煮三餐。

盛夏期間的冰穹，氣溫維持零下三十幾度。深入高原的內陸隊成員穿的雪地衣十分厚實，裡頭的襯料較普通隊員所穿的更保暖，腳下所穿的是又高又厚，外形像荷蘭傳統木鞋般的保暖鞋，特別加高的鞋底能有效阻止低溫，防止腳底凍傷。

居住方面，內陸隊不用野宿搭營，行進中的住所是裝置有雪橇的移動貨櫃屋，一個貨櫃屋內有六個床位。崑崙隊到達站區後便有一處極新的屋舍可供使用。

值得一提的是，內陸隊配置的醫生多數是來自西藏的藏醫。中國人才濟濟，醫生為何非得找西藏藏醫？原來上了高原之後，空氣逐漸稀薄，工作起來特別吃力，這時最令人害怕的就是高山症（又名「高原反應」）。高山症主要是高海拔地區氧氣含量低所致的急性病理表現，通常出現在海拔兩千五百公尺以上。高山症可以發展成肺水腫和腦水腫，嚴重可致死。若患有高山症，便不能上南極內陸。

中國挑選內陸隊員，先送至西藏測試是否會有高原反應，一旦通過測試，再送至中國東北黑龍江省一處基地，進行滑雪及雪地救生訓練。如此慎重嚴格的挑選內陸隊員及醫生，是因為崙崑站距離中山站或其他周邊友站最短距離為一千二百公里，直升機無法抵達，若發生意外，後果難以想像。

這一趟內陸隊員的遠征，離行前的歡送儀式簡單而隆重，前後歷時約二十分鐘。拍完紀念大合照之後，內陸隊員陸續上車，一輛輛履帶機具開始井然有序的移動，不久拖車頭、雪地車以及貨櫃逐漸形成一長列車陣，由南極沿海往更南的內陸勇敢前進。

南極內陸地勢為中央高、四周驟降的高原地形，由沿海出發向極南處邁進的初期，幾乎都是朝上攀升的陡坡，車隊最快時速只有十至十二公里，大約行駛四百餘公里後，格羅夫山隊與崑崙隊分頭朝各自的作業目的地邁進。

完成歡送儀式後，送行眾人坐了一小時的雪地車，才由出發地龜速返回中山站。坐在車內震得七上八下，尤其經過陡坡時，骨頭都快被震散了，路過傾斜坡度過大的山谷地形時，一會兒被擠在前頭，一下子又全壓在車廂後面，這時我們才略能體會內陸隊員從出發地登上冰穹長路漫漫的艱苦。

依照約定，兩組考察隊每日使用衛星電話回報當日所在位置、該地氣候及人員狀況。兩隊都配有隨行記者，一有最新的考察訊息，便使用小型的衛星網路設備將照片及新聞稿傳遞出去。這時負責收話及傳話的報務員扮演著相當重要的傳話媒介。

在內陸隊出發沒多久，崑崙隊長駕駛的一輛雪地車機件出了問題，尋求支援；這時報務房不能漏接任何訊息。當時見到報務房曹大哥，每天幾乎都精疲力竭坐在機臺前等候傳話，連離開座位前去用餐或如廁都有所牽掛，這種精神上的壓力若非親眼所見是很難體會的。

所幸內陸隊發生機械故障時，雪龍號仍在中山站附近百公里內進行大洋考察。雪龍號在航道稍偏於海岸邊時，出動直升機將機件備料運抵冰原，不巧在進行更換機件時，發現雪地車齒輪已嚴重受損，最後不得不忍痛棄車。

二十名隊員組成的崑崙隊，少了一臺雪地車後，還是得拖行四百餘噸的考察物資，繼續朝冰穹A前進。他們這次主要以基礎建設任務為主，隊員中少數幾位科學家一有時間還是得幫忙建設，幹些粗活，繼續在冰穹A開展第二年度的艱鉅建站任務。

內陸隊科研重點項目：鑽取冰芯&蒐集隕石

內陸隊千辛萬苦至冰穹之上，科研重點項目是鑽取冰芯。積雪逐年將下方的雪壓成硬冰，在這麼高的冰穹下，存有厚達數千公尺的冰層。表層的冰若是近代的新冰，那下層的冰便是遠古時代的老冰，科學家大膽假設，在南極越高的冰層下方記錄的年代越久遠，取出不同深度的冰便可由現今推論過去，了解古氣候發生的變化，並預測未來大尺度的氣候變遷。

崑崙站最高海拔達四千零八十七公尺，比俄羅斯東方站的高度還高六百公尺。過去曾在冰穹A測量出低溫紀錄為攝氏零下八十二・五度，未來極有可能測量出比俄羅斯東方站保持攝氏零下八十九度更低的紀錄。而冰穹上風速小，空氣中汙染懸浮物含量低，又有永夜的天然環境，也相當適合進行天文學的觀測。

內陸隊另一支隊伍格羅夫山隊的目的地，是抵達海拔兩千多公尺，與中山站直線距離約四百公里遠的格羅夫山。這個十人組成的隊伍並沒有配置廚師，隊員們每天頂著攝氏零下二十多度的氣溫到工作艙外進行科考活動，回來還得親自烹煮三餐，不難想像其艱辛。

格羅夫山隊最重要的科考項目之一便是蒐集隕石，他們笑稱「要上內陸撿拾天上掉下來的星星」。撿拾星星聽來很浪漫，事實並非如此，表面看來平坦、一望無際的冰原處處是危機，任誰也不敢保證幾分鐘後何處會出現一道肉眼看不出來的致命冰隙縫。

格羅夫山附近大大小小的山峰共六十四座，是南極冰蓋中少數顯露突出的山脈地形。落下的隕石隨冰川流動，遇到山脈後受阻，形成隕石的富集地，撿到隕石的機會比其他地方多。格羅夫山周遭已證實是地球上少數的隕石富集地帶之一。隕石隨機落在世界各個角落，其他地方的隕石往往因為風化而無法久存，但在南極低溫又乾燥的環境，隕石可保存上百萬年。

這支隊伍還有從事岩石暴露年代、地形測繪、地形構造演化、冰下地形、植物花粉及環境科學等不同研究主題的學者。最為特殊的是二十六次考察的格羅夫山隊有兩名女性隊員。女性同樣可以乘船至南極，並且參加遠征任務。

在南極內陸發生了許多令人匪夷所思的事：除了照片上常見男性隊員的鬍子因為鼻子呼氣而結滿了冰，鼻水往下流變成冰柱外，山上的冰堅硬到超乎想像，內陸隊員以鋼製鑽頭往冰層下方鑽探時，鑽頭常被厚冰弄斷。崑崙站區還可以見到天空出現五顆太陽的幻日奇景。此外，氣溫低於攝氏零下二十度時，連生雞蛋裡的蛋汁都凍結成固體，落在冰面上的蛋不但不會破損，反而像高爾夫球般往上回彈，實在讓人無法想像。

內陸隊員在幾乎永晝的環境下，只要氣候條件許可，總是時時刻刻趕著進度。兩個月的時間飛快而去，內陸隊員不僅按時完成所有指派的任務，回程時還連續多日馬不停蹄的趕路，提早返回站區。內陸隊雪地車一部部隱約出現在站區外的雪地邊際時，所有隊員的情緒都不自覺激動起來。這時中山站臨時組成的鑼鼓隊開始敲鑼打鼓，鞭炮聲也難得的在極地響徹雲霄。內陸隊員在車上頻頻揮動雙手，有的甚至不畏寒冷，誇張的打開前車窗，伸出半個身子迎接這股熱鬧的氣氛。

雪地車離中山站越來越近，最令人深刻難忘的是雪地車上的旗幟早已破損不堪，其中有幾面旗僅剩下一半不到。殘破的隊旗似乎哭訴著，過去兩個月在冰穹上所受的折磨以及高原上凜冽風雪的無情。

見到從內陸回來的老朋友，中山站隊員再也壓抑不住心中的喜悅，紛紛向前擁抱。生活棟內早已燒好的熱水洗去內陸隊員身上的塵汙，而兩個月來的辛勞及疲憊似乎也隨之消失。

回到中山站的內陸隊員總是高掛著笑容，說著在內陸考察發生的趣事，甚至連差點落入冰縫等極端危險的事也在笑談間輕鬆帶過，然而可以想像當時驚心動魄的畫面，因為一旦發生意外，就連直升機也無法輕易抵達救援。內陸隊能順利完成任務並平安撤返，不得不令人敬佩。

搖晃中考察的大洋隊

雪龍號完成中山站二次卸貨任務，往北直航進入普里茲灣（Prydz Bay），進行大洋考察任務。這種完全在海上進行的考察項目，顧名思義便是放手讓大洋隊成員從事海洋物理、海洋化學，甚至海洋生物學的觀測以及資料蒐集。這些工作全部都在船上完成，成員最基本要件是不能暈船。

大洋隊每天在搖來晃去的環境打撈海水，下放儀器，或者在實驗室裡添加藥品，進行精密的化學微量分析工作，這與岸上的弟兄雙腳踏穩固的地面，不搖不晃的工作場合有天壤之別。執行大洋考察的隊員們幾乎都有海上實作的經驗。該隊成員主要來自中國海洋局海洋一所、海洋二所、海洋三所、海洋大學，以及中國科學院海洋研究所等學術機構。大洋隊從第一天至航次結束，每天都在船上度過，與船員一樣，船停靠運補，大洋隊員可以下船到當地碼頭附近的市集小鎮走走。

大洋考察期間有時感覺雪龍號不時走走停停，其實是船到達某個測站稍作停歇，讓大洋隊員們進行作業。趁著某個下午停船時，我拿著相機下到右舷甲板，看看執行海上採集作業的實況。

來自中國科學院的大洋隊長張永山，站在二層機房裡負責操縱絞車，一層甲板上站著張老師的博士班學生楊光，二人通力合作回收浮游生物網裡的樣品。網具中採集的微小生物，需使用周遭海水沖洗至樣本瓶，這在普通海域裡看來平常不過的工作，在左搖右晃的南大洋船舷處，強風伴著接近攝氏零度的海水，臉頰及雙手都凍到受不了，更別提雙手隔著一層單薄的橡膠手套拿著冰水去沖洗網具了。

張老師師生將網具固定放至水深二百公尺處，一路向上拖至水面，時間及海況條件允許的話，他們還會進行五百公尺處的深層拖網。他們要捕撈的磷蝦是南大洋很典型位居食物鏈底層的微小生物。磷蝦雖小，數量相當龐大，是重要的南極海域生物資源，磷蝦的各種生理特性、空間分布以及生殖週期，甚至磷蝦特殊的發光器官都成為科學家探究的議題。

小吊臂正回收浮游生物網裡的樣品。

張老師團隊想要了解磷蝦近幾年的分布趨勢，先前由紐西蘭基督城航向長城站時，在沒有海冰的海面，就曾多次大膽的在沒有停船的情況下，進行走航觀測。他們使用一種專利型的特殊採集器材，在極高船速下仍可順利捕獲磷蝦樣本。

除了張永山老師這個小組外，海洋三所兩位成員利用水樣中的氘、氧等穩定同位素研究此海域的水團，同時也用鐳同位素示蹤法來觀察水團的運動路徑及速率。海洋二所的隊員則使用CTD及Rosette採水器採集海水，測定海水中的氮、磷、矽等無機鹽，了解南大洋的營養鹽動力學及生物泵作用。

在了解全球暖化的議題上，碳循環一直占有很重要的地位，對岸有個計畫是關於「十年間南大洋碳吸收變化及其對全球變暖的影響」，目的在於了解極地海域對碳循環的通量

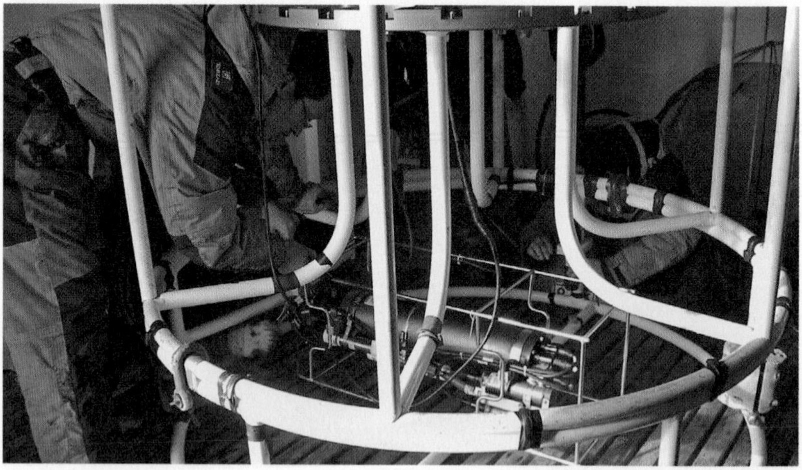

大洋隊員正在整理海水探測儀器。

作用及影響。資料顯示，南大洋海域是全球二氧化碳的一個匯（Sink），也就是說，舷窗外的這片冰水共存的海面正在不停吸收著大氣中的二氧化碳。

極地中心的研究人員將捕獲的超微型浮游生物，以流式細胞儀為解析工具，探究此處微型浮游植物的群落分布，初步看出熱帶與寒帶海域的群落有很大差異。另外，他們的海洋物理團隊也曾多次施放多組漂流浮標和好幾組錨碇串。不過上述樣品採集或儀器施放工作，多數皆在二〇〇九年十二月底，雪龍號離開中山站，前往凱西站迎接中國政府代表團前的第一次大洋考察期間便完成了。

雪龍號跑完第二次大洋考察的所有測線，隨即遭遇海上漂流的浮冰群，而天空也開始下起雪來。值得慶幸的是，大洋隊所有的戶外採集工作都告一段落，不然低溫加上風速曾一度高達每秒三十三・五公尺的強風，人在船艙內都快站不穩了，更別提在室外採水、施放儀器或布放網具了。大洋隊在船上不眠不休、勤奮的工作，是一支刻苦耐勞、禁得起大風大浪考驗的團隊，敬業精神令人佩服與感動。

小辭典

水團：在海洋學中為一範圍內特性相似的水體，可與周圍水體區別開來，類似氣象學中的氣團的概念。水團特性包括溫度、鹽度、化學物質、同位素比例和其他物理量。

鐳同位素示蹤法：鐳同位素有Ra-226（半衰期1622年）、Ra-228（半衰期6.7年）、Ra-224（半衰期3.64天）以及Ra-223（半衰期11.1天）。鐳同位素示蹤法使用的同位素為Ra-226，研究在海底附近海水的Ra-226對於推測海水的更新時間及推測垂直方向的擴散係數，均提供很好的線索。

CTD及Rosette採水器：一種海上研究船所配置的採水裝置，會用rose這個字眼來命名，是因為該圓形裝置投入海中時，激起的水花像是雪白玫瑰花。通常一組Rosette上會配置許多的海水採集瓶以及CTD（溫度、鹽度、深度測定儀）。

營養鹽動力學：海水中的碳、氮、磷等營養鹽，為微小浮游動植物生命組成的基本元素，大洋中營養鹽的消長變化向來受到海洋學家的重視。運用動力學的方式，設定一區域空間的邊界後，可以在特定範圍內設定諸多的模式參數，並與有限的實測調查資料比對後，可以藉由微調後的資料預測一大尺度空間海域內不同位置及深度在不同時間內的營養鹽變化趨勢。

生物泵：生物泵在地球碳循環中扮演著重要角色，是一道運輸海面二氧化碳至海洋內部的過程。海水中的有機碳顆粒是生物泵在傳輸碳源時的媒介，通常最大宗的有機顆粒包括衰敗老化的藻類（藻泥）以及生物糞便等。

流式細胞儀：一種快速定量分析細胞或微小生物顆粒的分析技術，可在幾秒的時間內檢測幾千個顆粒，並主動分離出不同特性的顆粒。例如，占海洋中的浮游生物總數近三分之一的原綠球藻（*Prochlorococcus*）就是通過流式細胞術發現的。因為細胞小，葉綠素含量少，在通常的螢光觀察中會被漂白而忽略，但由於在流式細胞術中，細胞通過光束的時間極短，就可觀察到胞內葉綠素的螢光。

錨錠串：一條極長的繩索，上面綁著許多海洋測定儀器，繩索兩端分別配置重錘以及浮球。錨錠串放下水下的作業時間從數天至好幾年都可以，視作業需要而定。

測線：船隻進行採樣時，所有採樣位置連成的航線。

Part C

零下任務

歷險與愁緒

文／郭富雯

從冰山崩塌現場死裡逃生

冬季過後，隨著南極永晝日漸到來，海水溫度逐日升高，中山站沿海原先凍結不動的厚冰開始蠢蠢欲動。

這片綿延數千公里的厚冰，其中一小區塊便是雪龍號奮力突破的中山站外緣海冰。雪龍號卸貨工作接近尾聲時，海面冰情越來越不穩定，所幸這次卸貨工作相當順利，沒有發生什麼意外，最後只剩把載運來的發電用燃油送入站區，二十六次中山站度夏考察隊的運補作業便宣告完成。

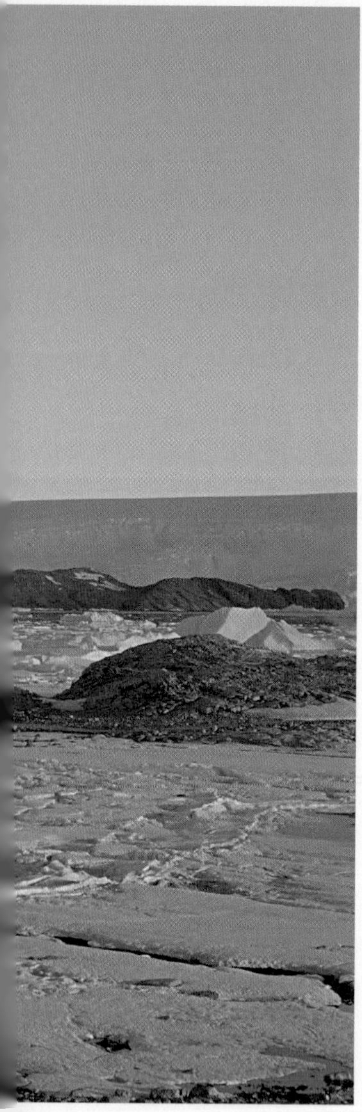

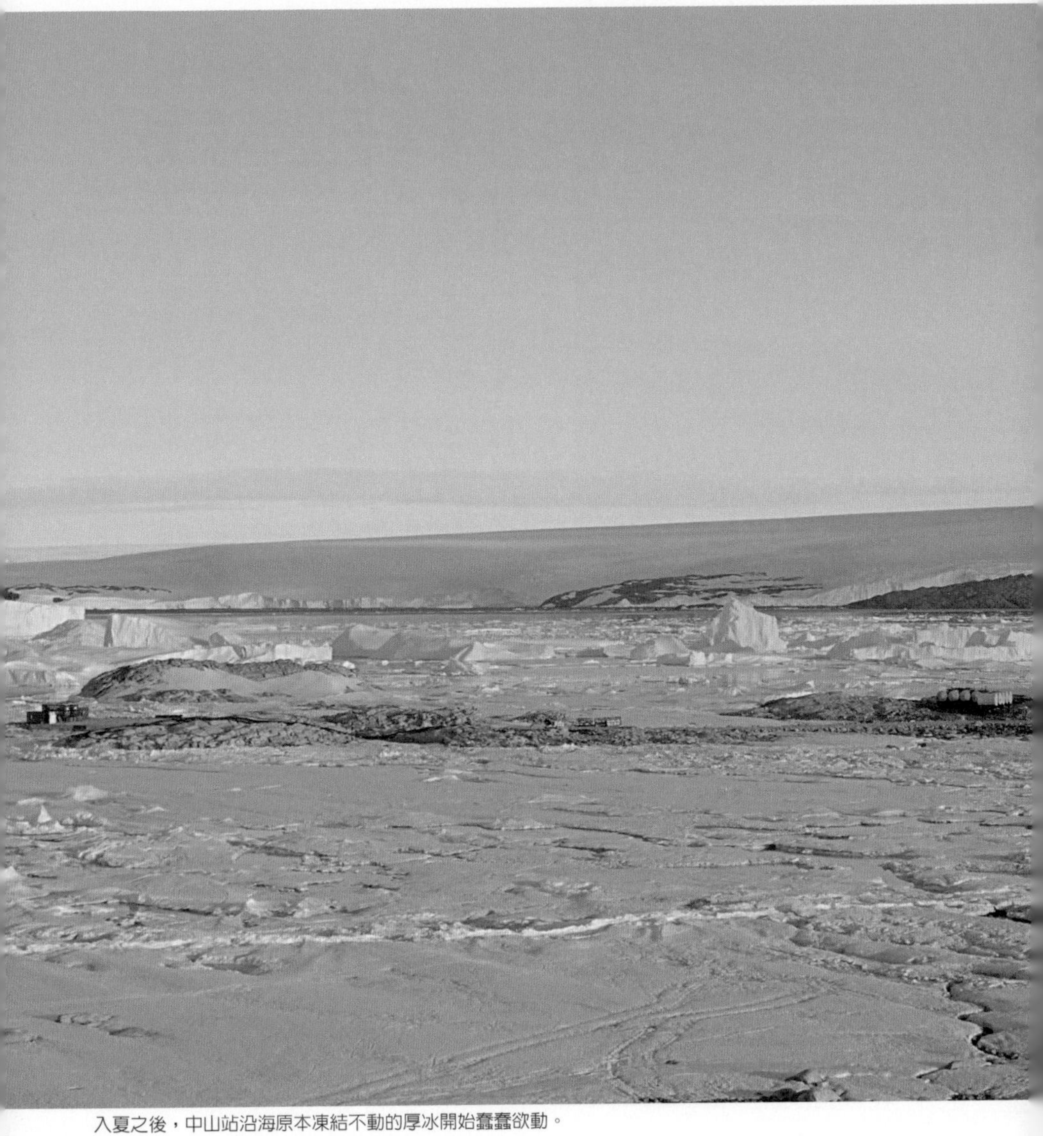

入夏之後，中山站沿海原本凍結不動的厚冰開始蠢蠢欲動。

雪龍號採用的油料運補，是由一段段小管子串接成長達數公里的輸油管遞送。一段段長兩百公尺、直徑二．五英吋的黑色油管，成堆置放在碼頭旁的巨石堆上，油料需運上站時，就把油管串接起來。油管看似細長，仍需要二十多個人合力才抬得動，搬運中的油管遠遠看來有如一群人在冰上舞龍。

搬油管的這天早上，天空灰濛濛的，戶外偶爾飄著細雪。我以為搬運油管是在站區一旁的黃泥地，離開站區到達冰面時，口袋裡遍尋不到墨鏡，才發現事態嚴重。當時雖是陰天，但在雪地上活動仍然極為刺眼，在這種環境下工作容易導致雪盲症。

我盡可能瞇著雙眼，但後來發現眼球越來越不舒服。中午回到站區，一進室內，

雪龍號剛進中山站時，周遭完全不見海水，
只有廣闊的冰面與小冰山。

在冰面作業一定要戴上墨鏡，保護眼睛。

我整個人呆住了，周遭一片漆黑，伸手不見五指。我用極慢的速度摸回寢室欲取出墨鏡，但完全看不見走道紙箱了內擺放的物品。回到寢室，我將燈及門全關上，小房間成了暗室，一個人靜靜的閉眼休息。大約十五分鐘後張開眼睛，視力才稍稍恢復。「雪盲」是視網膜長期受到雪地上的大量反射光照射，進而引發的暫時性失明現象。看不見任何東西的那段時間雖歷時不久，但當下卻感到非常恐懼。有了這次短暫但可怕的「雪盲」經驗後，我在南極出戶外的第一件事便是戴上墨鏡，保護眼睛。

抵達中山站後，隊友們紛紛著手各自的考察工作，我開始擔憂如何在這全都是冰、不見海水的南極冰面，展開水生物的樣品採集作業。我猜不透這片廣闊冰面下方，除了海豹、企鵝穿梭其間，還住著何種奇特生物。

正為採樣工作一籌莫展，隊友陳遠嶸走進寢室，劈頭直問我想不想釣魚。他說下午看見有位船員在小冰裂縫橋附近釣了半桶魚，趁著天色明亮，邀我一起去釣魚。一

冰上釣魚就是要找到較寬的冰裂縫。

聽到遠嶸說有半桶魚，我欣喜若狂，隨即拋下手邊工作，備妥釣具準備前去。我完全料想不到，未來不到一小時的時間裡，我們兩人將面臨山崩地裂、生死交關的驚恐場面。

我們向站長及站上報務房報備，傍晚七點十分兩人徒步走出中山站生活棟。借了一支小無線電放在雪地衣胸前的大口袋，興奮的提著釣具出發，估計從站區走到可以釣魚的小冰裂縫，至少須花費半個小時。

來自福建的遠嶸能講閩南話，我們不用普通話交談時，其他隊友是無法得知我們在說什麼。南極海冰上，操著閩南家鄉話的兩個大男生，就這麼無所不談、暢所欲言的閒聊著。走著走著，懷裡的無線電也不定時傳來雪龍號與站上報務房的通話。

無線電傳來一段對話，提到大冰縫附近已裂開有一公尺寬，大型機具無法通行，小車及行人尚能勉強由木板便橋通過。船上與岸上雙方達成協議，要求所有人不能隨意通過大冰裂縫橋。我們前去的地方是小冰裂縫，距離大冰縫橋還有一段路程，兩人當下並不以為意。

七點二十分，我們走出海岸線來到冰面後不久，傳來引擎聲響。原來站上派出隊友小謝騎著沙灘車前來檢視大冰裂縫橋附近的冰情，看看是否會影響才剛鋪設完成的輸油管線。由於順路，小謝讓我們搭便車。

七點二十五分左右，三人到達了小冰裂縫橋，小謝停車檢視油管，之後便朝更外面的大冰裂縫橋方向駛去。我及遠嶸兩人沿著長長的小冰裂縫往天鵝嶺方向走，就在距離下車地點約三十公尺，找到稍早釣到半桶魚的那位船員插竿留下的標記，我們立刻拿出用具準備釣魚。冰上釣魚就是要找到較寬的冰裂縫，不過由於縫隙是由大片冰面相互對夾而成，曾發生冰面錯動，因此裂縫裡盡是冰砂狀的小碎冰。

我們綁好釣鈎並掛上餌料，不料帶來的鉛塊都太小，鉛塊連同釣餌就直接卡在冰縫的冰砂之上。首次冰上釣魚，居然出現這麼好笑的窘況。遠嶸想了想，隨手拿起一旁的木桿攪和了冰縫裡的小碎冰。木桿拉出後，果然冰砂變得稀疏，再放入釣線組，鉛塊拖著餌開始往下沉。

冰裂縫一旁的冰面厚度估計一．五公尺左右，這是先前隊員們在大片冰面鑽取冰芯得出的平均值。眼前冰溝裡的碎冰砂，深度最少有一公尺以上。我用遠嶸攪冰的方法試了一下，雖然鉛塊順利穿過冰砂層，但是我的釣線似乎不夠長，將近三十公尺長的釣線居然還碰不到水底。當下我決定更換位置，沿著冰裂縫往岸邊延伸的方向行走，另尋其他裂隙。

我在距離遠嶸約二十公尺處，找到另一處更大的冰裂縫，整理好釣線，再次攪完碎冰後，魚線順利往下沉，此刻遠嶸興奮的大叫：「感覺有魚在拉釣餌了。」接著又喊著：「看到魚了，魚追上來了。」此刻我欣慰的想著，在中山站第一件極地生物樣品即將入袋了，猜想著這裡的魚有多大隻、長什麼模樣時，我也感覺到手上線頭另一端的鉛錘終於沉到海底了。

七點四十分左右，此時戶外仍很明亮，有如臺灣午後四、五點鐘。就在遠嶸仍與極地冰魚搏鬥時，我聽到一陣很奇怪的低沉聲響，一種帶有震撼力的低頻氣爆聲持續低吼著，卻不知聲響從何而來。

我好奇的抬頭一看，眼前一座雙峰形的小冰山外，是另一座噸位更龐大的冰山，這座大冰山距離我們約兩公里遠。令人驚訝的是，遠處那座冰山正緩緩傾倒。

冰山體積其實九成都潛藏在水底，平常見到的冰山只是微微露出上端一小部分，所以才有「冰山一角」這句成語。這座遠比雪龍號還大百倍的龐然巨物，居然整座都在移動，這種景象真是難得一見。我一心一意觀看冰山傾倒坍塌的奇景，完全沒有半點危機意識，我叫遠嶸暫時先別理會那條魚了，快過來我這邊欣賞冰山翻動的美景。

遠嶸和我都看傻了眼，直說：「真是壯觀啊！」還彼此問了問：「有沒有帶相機？」冰山翻動時，在如此遙遠的距離卻有近在咫尺的視覺臨場感，加上雄渾沉悶的氣音環繞，震懾之餘，我們只能無言以對的傻笑著，默默享受大自然精彩的演出。

聚精會神觀賞的時間不到一分鐘，我覺得不對勁，因為面前的冰裂隙開始錯動，就連身旁的浮冰以及所站的冰面也開始搖晃起來，才意識到大難臨頭了。遠嶸也知道大事不妙，他說：「雪龍號不是剛好在那附近嗎?搞不好已經遭受波及。」

此時，無線話機傳來雪龍號對中山站的呼叫聲：「中山——中山——雪龍呼叫，目前有一座巨大冰山在翻動，在坍塌，請所有人員馬上離開冰面，馬上離開冰面。」

直覺有一陣排山倒海的巨浪或海嘯即將來臨，死神正步步逼近我們。我在第二線，小謝的四輪車仍在大冰裂縫橋的第一線，我心想死定了。眼看命在旦夕，遠嶸居然還跑回去收釣線組。看著眼前冰裂縫越來越寬闊，我直喊：「你別收線了，別拿了，快跑，快逃命吧。」

冰面上猶如發生強烈地震，誰也無法保證下一秒鐘腳下的浮冰不會破裂，或者突如其來的巨冰將把我們壓得粉身碎骨，葬入冰冷的海裡。我們正躊躇該逃往何處時，沒幾秒鐘冰面又一陣劇烈晃動，而且震度越來越大了。看著從小冰裂縫橋延伸而來的裂縫有的正被劇烈拉扯，有的誇張的被壓縮，並且凸了上來，眼前冰山倒，腳下冰面裂，「山崩地裂」正立體實境呈現。

耳邊及腳下不停傳來冰塊錯動的聲響與陣陣震波，嚇得我魂飛魄散，心想為了採集幾隻南極生物樣本，小命都快不保了……，我的眼角不由泛出淚水，說時遲那時快，小謝駕駛的沙灘車飛衝回來，他大聲叫我們趕快跑回剛下車的小冰裂縫橋附近。

見到小謝的當下，腦中思緒非常紊亂，本以為他在大冰裂縫橋那端應該早受到波及，再也回不來了，沒想到他還能前來搭救我們。我和遠嶸奮力狂奔。小謝似乎也快等不及了，他拉高嗓門，狂喊：「動作快！動作快！」他手裡緊握著油門，等我們一上車，便加足馬力驅車逃命。

我使出全力跑向沙灘車，但在濕滑冰面上，不到一百公尺遠的路程一連跌了好幾次跤，才終於狼狽爬上車。氣喘吁吁往後一望，估計遠嶸幾秒內也會上車，令我非常訝異的是遠嶸手裡居然還緊握著收好的釣線，絲毫沒有要鬆手的意思，就像人在溺水時，雙手會不自覺緊緊抓住任何東西那般緊張。

沙灘車剛駛過的小冰裂縫橋面，許多原先鋪設在橋面的木板已落入仍不停加寬的的冰溝裡。看著小冰裂縫開口越來越大，小謝加足油門的那一剎那，我們三人都很懷疑自己能否安全回到站上。

小謝加足油門不放，引擎馬力全開，全速衝回中山站，途中冰面仍持續狂震，致

曾載著三人逃命的小四輪沙灘車。

命裂縫的磨擦聲也不曾間斷。明知有人隨時可能被甩出四輪車，小謝仍一路狂飆，只想盡快離開冰面。

返抵站區最後一塊冰面前，海岸與冰面交錯處的水位仍不斷上升湧動著，還好人車已返回岸邊，不致有落海的生命危險。我們一踏上了黃泥地，感到萬分慶幸，也才有「活著」的真實感。回想剛才那一幕，不敢相信自己及兩位夥伴能夠從死裡逃生。

之前雖曾聽聞冰裂縫很可怕，但萬萬沒想到遭遇這次南極卸貨任務中規模最大的一次冰山崩塌事件。二〇〇八年底恆春大地震，我和學弟在第一時間想逃出室內，卻被一道大型鐵網門所困，當晚嚇了約兩分鐘。這一次南極的冰山崩塌事件，我覺得在時間上、視覺上、聽覺上及震撼力上，都遠比恆春大地震可怕上百倍。

回到中山站，所有人都安心了，站長告知全隊不可再接近冰面，否則嚴懲。我跟遠嶸告訴隊友剛才遇到的驚險經歷後，他們都說第一次來南極，即遭逢這麼難得、萬中選一的「慘遇」，比很多隊員都「幸運」！

「幸運」這個字眼想想也相當恰當，要是我們動作再慢一點，很可能早葬身海冰之中。真是幸運！

漂流受困冰洋中

南極大陸的風暴非常頻繁，像中山站沿海空曠地區的風速，每秒達到四十至五十公尺，相當於臺灣強烈颱風的強度。入冬之後，東南極大陸的紀錄風速值更曾高達每秒一百公尺，這種風速是至今為止的世界最高紀錄（註1）。狂風會很快帶走人體的熱量，使人凍傷、甚至凍死。

早年就曾發生某個極地站的研究人員，走出戶外餵食雪橇犬，被風吹走，從此再也沒有回來的意外，好幾年後，他的屍體完好的在站區幾公里外被發現。極地陣風的威力如此強大，而且說來就來，詭譎多變，有時連氣象專業人員也無法掌握。

說到極地的超強陣風，我也曾受到波及。記得有天上午豔陽高照，幾乎沒有半點風。午後我剛走進報務房沒多久，隨後走進來的是來自武漢大學南極測繪中心的研究人員黃繼鋒（我們室友間都暱稱他為「大師兄」）。他要進行的科考項目是中山站海域的潮位驗證，需將一部驗潮儀架設在海面下。

中山站沒有橡皮艇，唯一能載送重達百餘公斤器材至海上的，就屬莫愁湖畔那艘六個汽油桶搭建而成的小桶筏。為強化這艘小筏，鐵工老劉汰換掉幾個較老舊的汽油桶，並把新油桶一個個牢牢固定好，再將小筏運送至小碼頭邊的沙灘。

大師兄在報務房裡氣急敗壞的說著，站上可以幫忙的人手好像全消失了，他問我能否到碼頭旁，協助他們將小桶筏推下海。我們去了庫房找到老劉，他搜出四隻全新鐵鍬，並且拿出好幾件救生衣。我好奇問道：「為什麼需要圓鍬？」老劉操著濃濃的山東腔，笑著回答說：「拿圓鍬當船槳。」

離開站區往小碼頭途中，巧遇胡站長，他知道我們要去汙水廠外的海面進行驗潮的實驗項目，再三囑咐我們要多注意安全。他耐心的解說著，小筏離岸時為確保安全，必須安排一個人拉住繩索，站在岸上隨時牽引著，避免桶筏被海流漂走。

告別站長到了碼頭附近，我們見著了小陸，他獨自一人呆坐在小桶筏上等候。小熊則在小碼頭右側幾十公尺外的礫石灘上，不知用什麼方式逮住了賊鷗，正在進行觀察記錄。

四人齊聚後開始準備將桶筏從岸邊推下水，豈知它如此沉重，沒辦法只好叫小熊過來幫忙。五人再次合力，桶筏仍不動如山，就在大家快絕望之時，隊友駕駛的大型推土機恰好路過，我們趕緊請駕駛開過來用大土鏟幫忙推一把。方才大家推得臉紅脖子粗，重機具輕輕一推不到兩秒，桶筏便輕盈的漂浮在水上。

過去我曾在臺灣划過獨木舟，但在南極划桶筏更難能可貴，尤其手裡拿著鐵鍬充當船槳，身旁水面漂浮著晶瑩剔透的浮冰，這種極地行舟的體驗可說是人生的絕妙新體會。

小碼頭附近的海水極為清澈，透明度與臺灣墾丁的珊瑚礁海域不相上下。午後三點，海面靜如止水，任誰也不想回到岸邊牽引繩索。站長剛才千交代、萬囑咐，但桶筏上的備用細繩終受漠視，孤伶伶的晾在一旁。

離岸數公尺後，老劉試圖用長竹竿將桶筏慢慢撐到靠近天鵝嶺，但離岸不到幾分鐘後，便探不到底，我們只好輪流拚命的划起那非常滑稽的鐵槳。

航行十幾分鐘，仍然無風無浪，但經過一處岩壁的岬角後，風勢逐漸轉強，桶筏此時距離目的地約兩百公尺（之後由電子地圖估算）。這時我們見到氣象觀測棟的李百超隊員正在岸邊走著，他見到海面上的小桶筏覺得滿有意思的，不斷朝我們揮舞雙手致意。李姓隊員正要轉身離開天鵝嶺時，突然海面狂風大作，瞬間將小桶筏吹離岸邊，我們發覺大事不妙，聲嘶力竭朝岸上大聲呼救。

站在山崖下的李隊友絲毫感覺不出崖壁外海開始增強的風勢，但他恐怕也覺得很奇怪，明明五個人很使勁的往岸邊划，為何桶筏仍一直往外海漂去？不一會兒，他意

推土機輕鬆把桶筏推向海面。

以鐵鍬為槳，划向湛藍清澈的平靜海上。

識到我們的桶筏已經失控了，五個人越來越誇張的求救聲及表情一點也不像在開玩笑，才趕緊跑到氣象觀測棟撥電話求救。

強風呼呼吹著，桶筏不知將漂往何處。偶遇幾塊較大的碎浮冰時，我們也曾想過將小筏固定在浮冰上，以減低船速，但筏上沒有船錨或鐵鉤，單有繩索無法套住浮冰。坐在沒有動力的桶筏上，只能任由強風漫無目的將我們吹離陸地越來越遙遠，心裡的恐懼也日益加重。腦海浮現最慘下場——隨波逐流，然後葬身冰洋之中。

小桶筏最終卡在兩座高出水面約十公尺的巨型浮冰中間，停止往外海漂流，幸好這個位置還看得到天鵝嶺的動靜。但南極仍處盛夏，冰洋中的巨大冰山隨時都有崩塌的可能，我們幾位不安的在此處等候救援。

陣陣強風不停吹拂，碎冰擠進冰溝裡，小桶筏一動也不動的夾處數不盡的碎冰塊中。我們幾次試圖自救，用鐵鍬把小筏往外挪，卻徒勞無功。慌亂中，我們才猛然想起可用對講機向岸上呼救，沒想到站上早已接獲通報，得知我們出意外的消息。

坐鎮報務房的站長和我們取得通話後，首先問我們帶了幾部對講機，我們答說只有一部。站長說：「一會兒見天鵝嶺上有人揮動雙手，你們才准打開對講機通話，隨時把話機關上，免得浪費電力。」

小桶筏上沒有任何遮蔽物，五個人只能任由強勁的陣風吹著，但眼珠子卻是逆著風全定向天鵝嶺的方向。不久岸邊人潮越聚越多，看到有人朝我們揮手，大師兄黃繼鋒打開話機一聽，原來站上已連繫俄羅斯站尋求橡皮艇前來搭救。在大師兄身旁的小熊立即在無線電話筒一側大聲補上一句：「我們周圍全被碎浮冰包圍，小艇可能開不進來。」

營救時間拖得越久，對我們越不利，除了冰山翻覆會將小桶筏震得粉碎，船上老劉、小熊以及大師兄身上都沒有穿著雪地衣，僅有一件單薄的羽絨外套，只要陽光不見，很快就挨不住低溫。

我們五人孤立於小桶筏等候救援時，一隻阿德利企鵝忽然從碎浮冰中竄出，跳上桶筏邊較大的浮冰上，好奇的看著我們。這隻企鵝大概沒有見過號稱「地球上最高等生物」的人類吧！無奈的是，牠第一次見到的人類臉龐竟是如此沮喪、無助與徬徨。

企鵝直望著我們，表演起從這塊浮冰跳躍至另一塊浮冰的特技動作，我們都看呆了。不久牠忽然跳入水中，不見蹤跡。爾後這隻企鵝再次鑽出水面，跳上我們的桶筏，牠好似疲累得只想瞇著眼休息，曬曬極地裡唯一能與低溫寒風抗衡的溫暖陽光。

這時天外飛來一隻賊鷗也想落在小筏邊，企鵝頃刻間慌張得展翅大叫。賊鷗會攻擊落單的阿德利企鵝，而且先從企鵝眼睛下手，怪不得這隻企鵝如此驚嚇。老劉拿起筏上的竹竿朝天空揮舞了幾下，嚇走

企鵝看著考察隊員受困桶筏上，落寞無助的等待救援。

兩座高出水面約十公尺的巨型冰山夾成的冰溝，
即是小桶筏受困等待救援之所在。

米8直升機安全降落中山站停機坪，
成功達成救援任務。

終於盼到俄羅斯米8直升機前來營救。

大賊鷗，於是只怕賊鷗不怕人類的企鵝，和我們零距離和平共處了十餘分鐘之久。

胡站長請求支援的俄羅斯小直升機當時並不在鄰近的進步二站，而是遠在一百公里外，一處名為Durznaya-4的俄羅斯站（註2）。友站收到救援請求後，知道情況危急，派出的米8直升機立即飛抵中山站停機坪。飛行駕駛了解情況後，隨即飛向我們。

駕駛員先低空掠過看清楚要如何在兩座冰山夾成的冰溝中施救。小米8直升機調頭繞了個圈後，逆風精準的停懸在兩座冰山之間的小桶筏上。機腹下方的電動吊車垂降下小吊椅，我們讓衣物最為單薄、身形最瘦小的大師兄先上去。吊椅二度下放時，吊車忽然發生故障，不得不放棄營救，暫時飛回站區。

直升機開走了，陽光這時也完全為冰山阻隔。失去抵擋寒風的熱源，周遭氣溫彷彿瞬間下降了十度。但大家總算寬心許多，因為飛走的米8直升機很快將再飛回來。

我們與站上再次通話，報務房告知直升機已經起飛，但小吊車無法修復，因此機腹下方改掛先前冰上卸貨時直升機吊掛的專用網兜。幾分鐘後，直升機抵達小桶筏上空，放下網兜後，四人迅速鑽入網兜裡。直升機把我們拉離桶筏的那一秒鐘，感覺真好，但下一秒在運送過程受到網狀繩索的張力壓迫，有如遭獵人捕獲的動物受困籠中，實在不好受。

沒幾分鐘，我們安全降落在中山站停機坪。距我們受困恰好三小時，但等待營救的那段時間，感覺有如隔世般久遠。

為了我們，擾動許多人，在此深表感謝。而我更要特別向藝高膽大的俄羅斯米8飛行員，致上萬分謝意。

註

1. 極風參考資料來源：http://zh.wikipedia.org/wiki/%E5%8D%97%E6%A5%B5#.E6.B0.A3.E5.80.99
2. 俄羅斯站站名及座標（Durznaya-4, 69° 44′; 73° 42′）

工安意外釀成低氣壓

有天早上，中山站能力隊某隊員出了意外。這名隊員在工作場所受到機具撞擊胸腔部位，表面看來僅受點皮肉傷，但醫師判定皮下骨骼可能斷裂，內部器官可能也有出血情況。該名隊員受傷後不久便失去意識，隨後迅速被轉送至有X光機設備的俄羅斯進步二站醫療室。

整個上午，站上管理階層都在處理這件棘手的事，並將訊息火速傳回雪龍號。午後一點，中山站收到雪龍號對站區做出的指示，全站人員難得集合起來聆聽。會議宣布兩項總結：站區即刻停止所有工程及考察活動，檢討可能導致工安意外的情況；第二在受傷隊員病情未明朗及穩定前，站上所有人員停止一切對外連繫，以免產生穿鑿附會的病況謠傳。

下午四點，澳大利亞戴維斯站的直升機載來該站醫師，三個國家的醫師會商評估後，決定立即開刀。這次主刀者是俄羅斯站醫師，過去曾有豐富的內科手術經驗。

載送傷患至澳方凱西站的雪鷹號直升機。

中山站得知病患需要開刀的消息後，感到十分錯愕。中山站自建站以來還未曾發生過如此嚴重的工安意外。這場工安事件除了讓各級領導緊張外，能力隊的隊長及幹部們也承受相當大的壓力。

該名隊員開刀後，傷口受到感染，有發燒現象，讓原本有些好轉的病情又急轉直下。站長立刻號召有B型陽性血液的隊員集合，至俄羅斯站輸血。不久一群B型血液的隊員們自願獻出熱騰騰的鮮血。

被迫停工多日的工程班人員待在站上，悶到發慌，晚餐後準備上西南高地巡檢工地，並散散心。有些沮喪的小威邀我一同前去高地。我們走到半山腰時，發現站上停機坪上人員不停的進進出出，用無線電話機問了報務房，才知該隊員將轉送至澳大利亞所屬的凱西站。

低迷士氣持續籠罩著全站，這股低氣壓直到一月十二日中午過後，才漸露曙光。這天中午，站長宣布能力隊該名重症傷患，由戴維斯站轉乘直升機至凱西站後，已於一月十二日凌晨乘坐澳方緊急醫療專機，抵達澳洲霍巴特（Hobart）皇家醫院。

極地站裡的醫療設備雖可以處理小傷口縫合，並進行一些簡單的內科手術（去年中山站裡曾動過一次盲腸的割除手術），但元月八日那天狀況極為緊急與特殊。這項不得不立即動刀的大型手術歷程約六個小時，包括檢查、切除以及縫合的過程都在極短時間內完成。在傷者動刀失血的過程中，不時召集有B型陽性血液的隊員輸血，順利完成這次緊急救治手術。不過醫師們最擔心的傷口感染還是發生了。南極研究站的醫療設備終究比不上極區外的大醫院，中山站取得澳方緊急救援管道，火速把傷患送出南極。傷患安全抵達霍巴特皇家醫院後，這項工安事故的處置也暫告落幕。

能力隊受傷隊員抵達霍巴特的第二天，報務房收到好消息，傷者傷口接受更妥善的處置，原先感染的病情也獲得控制。這天胡站長特別在餐廳設置晚宴招待俄羅斯站的醫生、站長及曾經參與救援的人員。當時要是沒有這位俄籍醫生在危急時動刀援救，故事的結局很有可能改寫。

在極地從事任何工作，隨時都得提醒自己安全第一。中國中山站及長城站都是二十多年的老極地站，令人欽佩的是未曾發生過人員致命的重大事故，也顯示歷任領導正確又果決的危機處理能力。

澳大利亞霍巴特

霍巴特位於澳大利亞東南方的塔斯馬尼亞島，該市鎮人口約二十萬人。霍巴特是澳大利亞境內距離南極圈最近的城市，氣候乾冷。

許多南極探險記事都與此地有相當深的淵源，例如第一位登上南極點的挪威阿蒙森探險隊，便是在霍巴特向世界宣布他們登上南極點的新聞。值得一提的是，澳大利亞國家級的南極管理處與研究機構便設立於此地。

不會再流淚了

農曆年過後返回雪龍號，數日後我們航行至普里茲灣，進行二次大洋考察。當時我曾詢問過船上的最高領導李副領隊，能否在雪龍號接近中山站時，再讓我登岸一次。上站的理由非常單純，因為中山站有免費網路，可以寄些文稿照片回臺灣，順便拍些離站前的站上景觀以及打電話回家。

李副領隊知道中山站鴛鴦島碼頭即將冰封，沒了船運，靠不了岸，載人運貨只能倚賴座位有限的直升機，他不便允諾我，只說接近站區再看看吧。大洋考察結束，船上高層排定了兩架次的直升機前往站區，很幸運的，李副領隊將我列在名單之上。

錨地至站區僅數公里遠，S76直升機飛行不到幾分鐘，場景便由後甲板轉移到中山站生活棟前廣場的停機坪。抵站時許多隊上的舊識都前來接機，接機人員之一的站上管理員小孫，頂著螺旋槳下的強風，笑容滿面的走了過來，邀大夥一同去餐廳吃午餐。

進屋舍不久，報務士曹碩從報務房裡慌張的走了出來，神情嚴肅的對我說：「富雯，我一早從網路看到消息，臺灣高雄發生了規模六．四級的強烈地震，要不要先打個電話回家。」我心裡像是被石頭擊中似的震了一下，回神後納悶的想著，那麼巧，剛好這天上站，故鄉便發生強震。我擱下了飯碗跑向報務房裡，心急如焚的撥打衛星電話回臺灣。

這一天強震發生在高雄甲仙，幾個月前這個地方才因八八風災，造成小林村數百人罹難的慘劇，如今又遭遇地牛翻身。

等候電話撥通之際，我回想起在南極歷經幾次危機，最終都以平安收場，今天傳來的消息卻讓我差點窒息。幸好電話尚能撥通，也順利連繫到家人。得知遠在臺灣的這場地震沒有傳出重大災情，忐忑不安的心逐漸恢復平靜。掛上電話後，我不禁深深感嘆：不論身在何

俄羅斯進步二站裡不幸喪生的隊員之墳墓。

方，發生地震、海嘯、洪水及大火等災情，總令人感覺身陷險境，危在旦夕；而在氣候極端、自然環境險峻的南極發生致命意外的機率，更比其他地區高出許多，我何其幸運啊！俄羅斯友站裡就有三座墳墓，裡頭躺著的都是因為來到南極發生不幸，變成永遠無法返鄉、葬身極地的冤魂。

中國中山站建站二十多年來，雖曾有過幾次重大災難，所幸最終都化險為夷，未釀成憾事，但站區裡仍舊有一座墳地。中山墳地所葬之人，據說是中山站首位越冬站長，他在任務達成返國後，仍日日夜夜思念南極，於是立下遺囑，死後要安葬於此。中山站這些年來，一次又一次的艱鉅考察任務都能圓滿成功，除了隊友們的堅定意志，冥冥之中或許也有幾分前站長的英靈庇佑吧。

趁著停留在中山站的最後幾個小時，再次四處走走看看。戶外太陽高掛，但厚厚的積雪絲毫沒半點消退的意願，這代表盛夏季節已過，該是度夏隊撤離的時候了。先前曾有阿德利企鵝闖入游泳的那座小湖以及一旁的莫愁湖，水面都已結成一片扎實的厚冰，湖面划桶筏的畫面只能從照片回憶神遊了。外形貌似大漢堡的物理觀測棟、西南高地上天線陣以及全新的綜合大樓也都完成竣工。

走在寬闊的站區彷彿才逛了一會兒，停機坪上S76直直升機的引擎已開始運轉，是別離的時候了。直升機螺旋槳越轉越快，飛機騰空而起的剎那間，心頭無止盡的傷感突然湧現。我清楚的看見二十六次隊越冬隊員們不斷朝向我們揮手，我們也隔著機窗猛揮雙手與他們道別，只是不曉得他們能否見到我內心濃厚的離愁。此去一別，以後可能永遠再也碰不到面了吧？

二〇一〇年三月五日，一整天雪鷹號及S76直兩部直升機不停地往返雪龍號與中山站，船上有空閒的隊員也都全部集合在船尾甲板，接運由站上運回的物資。直升機載回最後一批工程班隊員後，二十六次中山站的度夏考察項目也畫下句點。末班機人員踏上後甲板時，每個人的雙眼都是紅腫的，不難想像幾分鐘之前，他們在中山站停機坪前與越冬人員互道別離的不捨場景。

據聞有位年輕的越冬隊員，看到友人一一離去，知道自己將留在冰封的南極過冬，居然含淚跪求站長，瘋狂的說著：「我不幹了，我要回家，就算沒了工作也

別離時刻，26次隊越冬隊員們不斷向直升機上的我們揮手，我們也猛揮雙手與他們道別。

離開中山站前夕，湖面都已結成一片扎實的厚冰。

不打緊。」

船一離開中山站後，南極的入夜時間便逐漸拉長。幾次大雪過後，站上原有的一絲生氣也將為白雪所掩埋封存。戶外僅有夜多於日、黑多過白的單調色系。放逐在這片與外界完全隔離的荒漠異地，再堅定的意志隨時可能隨直升機螺旋槳葉的轉動而動搖，更不用說見到雪龍號離去時，心中寂寥的感受排山倒海而來。隊友近乎狂亂的舉動，在後甲板上的大夥全都能理解，換作自己，也不一定能承受。

夜晚八點南大洋上空一抹微紅色的餘暉殘存，船上舉行一場與中山站的最後道別

南大洋上一抹微紅色餘暉。

儀式。雪龍號這一方在駕駛臺由袁領隊帶頭，用無線電與中山站的胡站長對話，互道珍重，相約來年十二月再見。雙方高層相互喊話應答後，無線電開放給每位隊員使用。彼岸皆是中山隊曾一起拚搏的友人，在過去曾一起拚搏，大夥利用最後幾分鐘，互相加油打氣。

直到最後一秒，躲在駕駛臺舷窗邊一角，整個儀式進行中動也不動、呆坐在一角的潘二廚，仍遲遲不肯前去拿起話筒與站上的隊友們互道別離。後來我才知道，幾個小時前，在中山站度夏道別儀式中，二廚淚流滿面，泣不成聲。度夏隊員一個個踏上飛機前，二廚強忍住熱淚，抱住他最敬愛的師父戴大廚哽咽的說他不會再流淚了。

舷窗外的晚霞完全為極區的夜空所吞噬，是該告別南極了！道別儀式的最後一刻，雪龍號王船長在駕駛臺按下氣笛按鈕。低沉的幾道聲響不一會兒便與中山站投射而來的強烈光束在海面交會，二十六次中國南極科學考察度夏隊在聲光交錯的剎那畫下句點，靜靜駛離南極。

Part D

零下任務

南極歲月

文／郭富雯、林家興

永晝、永夜與極光

南極考察隊在時間上區分成度夏與越冬兩種形式。南半球的季節與北半球恰好相反。中國南極考察隊通常排定雪龍號十月初由上海出發，抵達南極的時間約在十一月底，最慢隔年三月中旬一定得離站，四月返回中國。破冰船進出南極的時程非常固定，是因為船若太早進站，便得破除面積更寬廣的堅硬冰面；太晚離站同樣也可能遭受大面積浮冰推擠，最後落入冰封於南極的窘境。

度夏與越冬隊員一同搭乘雪龍號進駐站區，度夏隊在南極從十一月待到三月；越冬隊員則得堅守站區，在南極大陸待到次年三月才得離開，挨忍離鄉背井、離開摯愛親人的孤寂。但特別的是，能完整體驗永晝與永夜的雙重特殊感受。

永晝與永夜仍有四季變化

其實永晝與永夜現象不是你所想的前半年全是白天，後半年全是黑夜，而仍有四季變化。

十一月分中旬，雪龍號穿越西風帶，接近南極圈的高緯度地帶，我就深刻感受白晝逐漸拉長、夜晚漸漸變短的現象。

黃昏時站在駕駛臺的舷窗邊看著夕陽落入南大洋後，走下底艙喝杯咖啡、聊個天再走上來，接著又開始欣賞日出。進入南極圈，抵達南緯六十九度的中山站前，落日餘暉與朝陽晨光已直接緊緊相繫，任誰也不在意兩者間的差異了。

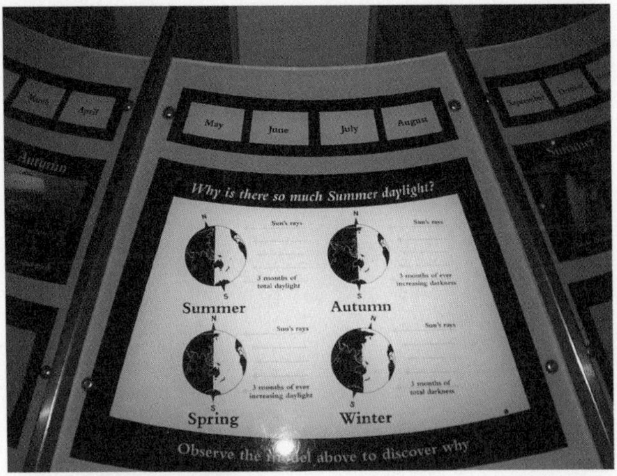

永晝、永夜現象仍有四季變化。

永晝時間，日落後緊接著又日出

南極永晝時間約為北半球的冬至（十二月二十二日前後），這時候臺灣下午還不到五點半，天色就全暗了下來；場景若換成南極天空，則是活力四射、不肯休息的太陽。直到午夜十二點，太陽也只是靠在山崙上稍作停留，便立刻又充滿朝氣的往上升騰。我想過，絕對不能帶公雞到南極，牠肯定會

永晝時期，南大洋黃昏日落後，緊接著又日出。

因為分不清日出日落而亂了啼叫的周期。

在南極接近永晝的傍晚時分，站在平坦的冰面上，任何人都能清楚見到自己腳下拉出超長身影，延綿好幾公尺。黃昏時間很漫長，日落後緊接著又見到日出，所以「夕陽無限好，只是近黃昏」這句話，恐怕並不適用於盛夏的南極吧。

永夜時間，始終見不到太陽

北半球的夏至時分（六月二十二日前後）便是南極永夜的到來，這時只要待在南極圈內，便能體驗整天見不到太陽的天文奇景。返回臺灣後，我曾經多次撥打電話給中山站友人。某天，聊起我不曾見過的永夜現象，他們說正午時分，感覺太陽光暈似乎正要從站區北方的天鵝嶺升起，但太陽始終從沒升起，狀似日出的現象維持不到一小時，夜幕再次籠罩。在南極過冬，看流星、賞極光，多的是機會，但必須克服戶外攝氏零下二十多度寒風與低溫的襲擊。

如夢似幻的極光吸引眾人目光

二〇一〇年南極度夏科考即將結束，雪龍號返航前，在南極中山站以及戴維斯站附近出現了最為壯觀的一次極光。時間接近晚上十點半，此時聽見隊友高聲吶喊：「有極光，出現極光。」此話一出，雪龍號寢室內的隊員紛紛披起雪地衣，至船艙外的甲板抬頭尋找極光蹤跡。

任何時間都有可能發生極光現象，但在暗夜裡肉眼觀察得更清楚。離開明亮的寢室，在雪龍號後甲板上剛開始僅能看到懸月，隨著眼睛適應暗夜，漸能看見滿天繁星與極光。後甲板上聚集越來越多人，船員索性將燈全關了，此時幾道如夢似幻的青綠色極光，完全吸引住眾人的目光。

極光的位置與強弱每刻不停變化著，它的光暈時強時弱。

南極圈

南極圈緯度66.5°S（2000年之後修正為66.34°S），恰好與北迴歸線23.5°N，呈現直角。北半球的夏至正午，陽光直射北迴歸線，這時南極緯度高於66.5°的區域（即南極圈內）會有永夜現象。反之，北半球冬至便是南極圈的永晝時間。

在這個旅行盛行的年代，南極也是許多極限旅遊愛好者嚮往的新去處。旅遊團前進南極的季節，絕大多數選擇南半球的夏天，這時氣候條件較佳，白晝時間相對較久。但旅遊團頂多到南極大陸周邊列島，仍在南極圈外，沒有機會見到永晝現象，更別提永夜現象了。

極光出現的那一夜，月色皎潔明亮。

和我一樣不曾見過極光的隊友，剛開始還以為天上那幾道極光僅是一些雲帶。爾後極光能量突然增強變亮，閃亮光芒的功率忽然放大，一條條飄逸柔軟有如飛天仙女的彩帶，不停往極區舞來。南大洋星空月畔的極光，視覺效果震撼在場每一位隊員。

我們很幸運這一夜能在雪龍號上見到這場極光之舞，而遠在一百公里外的中山站隊員們，也一起觀賞了這場持續約三個多小時的大規模極光秀。這是我這輩子見到的第一場極光秀，同時也是大自然送給即將航離極區的我們，一次美好無價的光影新體會。

在南極考察期間，常常不預期撞

見壯闊美景或新奇事物，但我們都必須以任務為優先，否則無法達成考察項目，等於白來南極一趟。

例如，有次雪龍號在薄冰上航行好幾天後，駕駛停船讓輪機人員檢修船軸，忽然船側冰面上陸續跳上來一群企鵝，隊友紛紛拿出相機準備到船舷開拍，這時船軸檢修工作完畢，船槳無預警的轉動起來，嚇傻的企鵝拚老命的往水底竄，多數準備開拍的隊員也撲了個空。

有時見到奇特外形的冰山或是簇擁成群的企鵝、海豹，甚至悠遊水中的鯨魚群，賞冰船可以為了夢幻奇景或一群極地生物停船讓遊客靜靜看上半天；考察船卻得一刻不停留的朝目標奮力挺進。

吸引衆人目光的夢幻極光。

那些在船上的日子

雪龍號船上生活頗舒適，每日正常供應四餐，最重要的是每晚固定發送一顆水果。例如回程時，我們才剛上船不久，立即發放了幾顆在墨爾本採購的碩大西瓜，大家分著吃，一解數月來在極地對蔬果的飢渴。除了吃得好，住得更好。船上空調設備舒適，僅需穿件短袖上衣即可，而且每間房的熱水都是二十四小時供應。美中不足的是船上沒有即時網路可用，以及天天幾乎不停歇的搖搖晃晃。

猜冰山

為了增加船員們的互動及提升士氣，船上經常不定期舉辦各種活動。

「猜冰山」是其中一次活動，大家要寫出雪龍號遇見第一座冰山的緯度。然而，不曾有過極地航行經驗的人，怎麼可能答對。胡亂填的數字若真能猜中，就如同隊員們常開玩笑說的「聾子聽見啞吧說瞎子看到鬼」，是矇中的。

進行猜冰山活動時，聽一位有經驗的老船員說：南緯六十度西風帶以南，海水溫度在攝氏零度以下的海域便會出現冰山，一旦接近浮冰區，如同水盆上布滿樹葉，水不容易潑灑出來，因此遇見冰山，就代表海浪的威力將式微了。

臺灣南部墾丁海域水溫終年保持攝氏二十度以上，生長於亞熱帶的我們，實在很難想像海面上突然冒出隨波逐流的巨大冰山的景象。先前對冰山的印象多來自電影：號稱「永不沉沒的鐵達尼號」首航後不久，撞上一座冷酷無情、內在集結龐大質量、表面僅含蓄露出十分之一的冰山不久後，船便完全沒入北冰洋。

地球暖化加速了冰山及海面漂散浮冰的融化速度。姑且不論其他暖化事件對人類的影響及衝擊，此刻身處搖晃的艙房，想到那老船員的話語：冰山數目逐漸凋零後，削減湧浪的阻力變小，橫渡西風帶的船將搖晃得更厲害了。

經過國際換日線後，雪龍號遇到超級巨浪，船外的強風大雨及猛浪不斷拍打著船身，此刻大家都想盡早離開可怕的西風帶。一旦風浪增強為猛浪，原本寂寥無人的駕駛臺臺氣氛隨即變得緊張且嚴肅。領隊、船長及船員們克盡職責注視著浪向，舵手慎守崗位操控舵盤。船員把船速調降下來，航向與湧浪拍打的方向保持垂直，方能破浪挺進。

南大洋湧浪的能量大得難以形容，湧上的海水一下子便灌滿船首。大量的冰冷海水一擁而上，只見浪頭就快把整個船首吞噬時，船首猛力往上一抬，海水又呼嚕嚕的退入南大洋，就這樣一次次猶如活塞般反覆規律運行著。

隨著緯度攀升，海況也隨之變差，在高緯度航行常形容為「四十怒吼，五十狂飆，六十呼號」。雪龍號穿越南緯五十五度的狂湧飆浪區時，半夜裡，我幾次夢見船因為左右搖擺角度過大，貨品堆疊又高，導致雪龍號重心不穩，發生無法挽回的事故，接著寢室灌入冰冷的海水，同仁皆困在小艙房裡，此時想潛水逃出船外的我，卻遍尋不著必要的潛水裝備……嚇得我一身冷汗驚醒。大風大浪在潛意識幻化出的這幾場惡夢，至今依然印象深刻。

隔天早上醒來後，匪夷所思竟出現大太陽，海況逐漸好轉，聽說氣旋已經逐漸遠離。風浪趨於平緩後，舷窗外一對海鳥在海平面上的波浪間相互追逐。接近冰山了嗎？或是鳥兒出現，意味著好天氣正式到來？絢爛的晨光高高懸掛在海面上，我把握住此刻美好的時光，拍下幾張脫離西風帶後的南大洋風情。

當日午後傳來廣播：「各位船員注意，本船現在位置一點鐘方向、一點鐘方向，出現一座冰山。」哇！冰山，船不是還有些微搖晃嗎？怎麼會出現冰山呢？第一次到南極考察的菜鳥們（包括我在內）都跑到船舷邊觀看。冰山真的非常夢幻，尤其是傍晚紅霞裡出現的冰山，雪白裡透出些微的靛藍，遙遠卻真實，這是我第一次在海面看見的晶瑩巨島。

海面上出現夢幻的巨大冰山。

多出來的一天

晚餐時，大家閒話家常討論要不要給船上辛苦的廚師們加一天白幹活的薪水。因為在這麼搖晃的西風帶裡，平白多過了一天，廚師多煮了三餐。有人笑說，並不是真的多過了一天，只是剛好經過換日線，調整日差而已。但我坐在船上，船由東往西走，繞行地球一圈，十一月一日著實重新度過一次，重過這天的三餐也確確實實吃下肚了。

你或許會想知道，多過的一天如何還呢？答案很簡單，過了換日線後，每經過一個時區線的那一天夜裡，船上會進行撥鐘，那一天僅有二十三個小時，每過一個時區，就要減少一個小時，直到累減二十四個小時之後，還給生命中多出來的那一天。

雪龍號真正的破冰：直接將船開到冰面上，
用蠻力鑿出一條航道。

幹大冰

接近中山站前，這時已近南極的永晝時間，某天凌晨天空仍是亮的。此刻雪龍號三一八寢室睡不著的三個大男生直望著窗外的光影，與外頭的太陽一樣保持清醒。

用餐時，船隻嚴重起伏震盪，但並不是遭逢風浪，而是此處的碎冰層漸漸增厚，船在行進時出現強大的阻力。老船員笑稱，這是在「幹大冰」。迎面而來的大冰塊撞擊船隻的剎那，發出的尖銳聲響撼動人心。

之前雪龍號破冰充其量只是將大冰塊推開，現在才稱得上真

雪龍號以極快的船速用船首將冰面擊破，撞擊剎那有如發生七級地震。

正破冰：直接將船開到冰面上，開鑿出一條航道。站在駕駛臺觀看「雪龍破冰」，船彷彿長出了輪子，開上冰面。一種冰上行舟的彪悍感，油然而生。

真正破冰時，海冰阻力很大，即使像雪龍號這種兩萬噸級的破冰船，破冰能力也僅能撞破厚度在兩公尺之內的冰面。船每次行駛約一百公尺後，便無力再挺進，必須先後退三、四百公尺，再加足馬力，以極快的船速用船首的大鐵頭將冰面擊破。船撞擊新的冰面時，猶如發生七級大地震，一開始真的會嚇一大跳，不過震個一兩回，慢慢就習以為常了。

南極大學

雪龍號從上海出港後，只要海況平靜，便會在船上舉辦講座課程。講師由船上各領域的科學家或專家擔綱，學員上課就像在學校修習學分，達到一定節數，便會頒發雪龍號南極大學的畢業證書。

這些課程除了增廣見聞，也幫助大家了解前來南極的科學家過去、現在以及未來探究的課題。另外，還安排了與隊員生活息息相關的課程和各式各樣的南極經驗談。抵達紐西蘭之前，雪龍號行經赤道無風帶，南極大學已開了許多課程，然而船一駛入南緯四十五度西風帶後，湧浪增大，教學課程幾乎中斷。

我在船上修習的第一堂課，是接近南極長城站之前，為了因應即將開展的卸貨工作，南極大學的校長袁紹宏領隊指示加開一堂關於搭乘直升機的安全講座。其他課程還包括內陸隊的地質學家講述在南極內陸上了冰蓋如何獲取隕石。會後討論，大家的問題都集中在如何找到原本存在於外太空的星星（隕石），以及辨別真假隕石等問題。

內陸隊員講授的課程還包括苞粉研究以及天文學研究。

植物的苞粉是植物生殖繁衍的傳遞器官，它的外表具有能抵抗酸鹼的化學物質，特殊的構造使它們能在自然環境中長久留存下來。在每個地層中保存有該年代的古植物苞粉，判定苞粉便可知道該岩層的年齡，進而進行古氣候及全球氣候變遷研究。

我終於知道天文學者為何千里迢迢來到南極。南極空氣中的微粒非常稀少，沒有什麼光害，還有永夜的自然條件。在臺灣、我辦公室一旁就是臺灣大學天文臺駐墾丁觀測辦公室，天文研究的器材及專家近在咫尺，只是沒想到，生平第一次聽到天文演講不在臺灣，卻在遙遠的南極。中山站胡站長從事極光研究，演講很精彩，讓大家了解太陽射線中的帶電離子可以在地球的兩極產生漂亮的極光。

船接近中山站前不久，南極大學校長便宣布放暑假，三個月後，返航時，再開辦下學期的課程。越冬隊員得在中山站待一年，因此上完課後，南極大學校長袁領隊立即頒發結業證書給他們。

離愁

海上風浪趨於平緩的日子，到雪龍號籃球場打球是不錯的選擇。

某夜清晨一點，我在狹小頂層臥鋪裡輾轉難眠，可能是離岸數日開始思念起親人，或是時差作祟，於是下床，添了件外套，準備到籃球場消耗一下體力。通過B1層的健身房，再往下走，繞過上頭密布細長管線的狹窄通道後，B2層某個隔間便是籃球場。船體越接近底層越平穩，將球場設在此處是有幾分道理。

球場入口處坐了一位中山隊隊友李興，他戴著耳機，閉眼放聲高唱，全然沒察覺我的到來。或許他也正想著家裡的妻小，宣洩如在水牢裡度日的寂寞心境。他的歌聲透過封閉空間的環繞，產生驚人HiFi高品質的共鳴，曲調時高亢忽低沉，聽得出來弦律中無法掩飾的離愁。隨後就寢時，雪龍號仍左右規律的搖晃著，腦海裡隊友的歌聲一直繚繞在耳際……。

清晨陽光再次從玻璃窗射進來，外頭的海鳥卻變少了。剛啟航時，窗外全是海鳥，如今僅依稀見到一兩隻。接近島嶼時，海鳥會漸漸出現，相反的離開陸地越遠，鳥兒也會跟著變少，顯然我們和陸地的距離已有些遠了。

聽聞船員們可以利用電腦來收發e-mail，我好奇的問了，收的信可是從大陸寄過來的？怎麼辦到的呢？他們告訴我，船上可以收發信，但不是即時的e-mail，而是船上每天早上會收集所有郵件，經過壓縮後統一由衛星發射出封包至上海，同樣上海也會匯集一個暫存的郵包，再由那裡的伺服器統一發送至船上，隊員們因此可以每天與外界取得連繫。

在雪龍號上收發e-mail傳達思念是需要付費的，依照ｋｂ大小來計價，因此上傳或接收高畫質的數位圖片，最後勢必要付出上萬元鈔票。之前在陸地收發e-mail是那麼隨性且無壓力，如今還得顧慮信件的容量大小，真教人有點難以適應。不過透過文字的方式，花點小錢便可使用衛星來收發e-mail，串起數千公里外的海陸兩端，這都得感謝雪龍號安裝的先進通訊器材。

在雪龍號上收發e-mail，傳達思念是需要付費的。圖為正在船艙裡收發e-mail的隊友。

極地食衣住行

遭遇海上冰山後，戶外氣溫迅速下滑，船上通知大家領取厚重衣物。發放衣物的地點在船艙底層的籃球場，每位考察隊員均可以領得一套在雪地穿的保暖服裝，稱為「雪地裝」。

雪地裝的顏色有螢光橙色和紅色兩種，中國中山隊穿的橙色雪地裝顏色與臺灣海岸巡防隊官兵值勤時穿的橘亮服裝顏色相近，橙黃色系的外衣在雪地或海上較其他顏色亮眼安全。另一種限量的紅色雪地衣僅發放給內陸隊上高山的隊員，因為夏天南極冰穹上的氣溫依舊維持攝氏零下二十度以下，紅色雪地裝的質量及厚度比起橙色雪地裝更為保暖。

雪地裝除了顏色有差異外，在款式上有兩種選擇：一種是兩件式，分成外套及長褲，外套左前胸有個可用魔鬼氈作為黏貼標章或旗幟的小區塊，長褲上有鬆緊帶掛在雙肩上（類似吊帶褲），褲子腰部前緣設置一個前胸小兜，有保暖作用外，兜裡可放些小東西。另一種款式為連身式，外形像碼頭工人穿的連身工作服。

試穿兩種款式後，我發現保暖效果都很好，但兩件分離式的雪地衣在穿脫上較方便。不管是哪種雪地衣，衣領上都有外加帽子，正好用來保護我那日漸稀疏的頂上頭毛。

在船上籃球場領取雪地裝，費了不少時間。由於衣物體積厚重龐大，一個大紙箱內裝不了幾件，因此籃球場裡堆滿了紙箱，讓狹小空間裡，更沒有「立足之地」了。雪龍號輕輕一搖晃，大家便站不穩，紛紛跌落大紙箱。好不容易才選好一整套合身的雪地裝，穿著全新厚重的雪地裝，離開底艙籃球場走回寢室，脫下密不透氣、隔熱效果極佳的雪地衣，才發現身上穿的衛生衣褲早已濕透了，原來船底空氣對流較差，加上空氣濕度高，身體排出的汗完全被鎖在雪地裝裡無法消散。

領回全新的雪地裝不久後，船外出現一座巨型的浮冰，我趕緊將雪地衣褲穿上，跑出船舷邊試試，果然是真材實料的雪地裝，身體不再覺得寒冷。不過這件讓我足以抵禦南極刺骨寒風的雪地衣，在我進入中山站不久，至冰面協助隊友採集冰芯時，就讓打鑽機上頭的引擎白煙在腹部區塊燒出一個大洞。從那一刻起，只要在南極戶外，這件腹部鏤空的雪地衣總讓我覺得肚子冰冰涼涼的。

離開南極返航之際，隊員們的雪地衣須全數繳回。由於兩岸首次共赴南極考察，隊上領導特許我帶一套回臺灣。這套雪地衣連同手套、雪靴等，現在收藏於海生館展

雪地裝有螢光橙色和紅色兩種，款式也有兩件式和連身式兩種。

示室，與一些極地生物樣品共同展出。

食在南極

南極啤酒是我最愛的飲品之一，晚餐時總會來上一瓶。在這裡喝冰啤酒是直接從貨架上取出即可開瓶飲用。（室溫已經夠冰了），真要喝加冰啤酒，室外隨處有乾淨碎冰，任君取用。說來奇怪，同樣罐裝的南極啤酒，在臺灣或在雪龍號上喝起來不論味道或口感都不如在中山站喝起來順口暢快，很可能是道地的南極啤酒僅在極區才能完全散發它特有的滋味吧。

酒是南極相當重要且受歡迎的飲品，在中山站含有酒精成分的飲

在極地天天多肉少菜，吃到後來都不敢多吃的雪龍牛肉片。

道地的南極啤酒在極地喝起來特別順口暢快。

品是免費且無限量提供的，未曾見過隊員喝酒鬧事或延誤工作，科考隊員的自律性相當高。這裡可以喝到啤酒、白酒、二鍋頭，還有一種帶有甜味的黃酒。除啤酒外，其餘酒的酒精濃度都很高，自認酒量極差的我沒試過，滋味如何也就無法跟大家分享了。

在極地天天多肉少菜，加上又有免費暢飲的啤酒，體重不自覺增加。在澡堂洗澡，見到自己下腹猶如鮪魚肚，便覺得該控制一下飲食了。但身處極地對抗酷寒最好的方式還是把皮下脂肪層鞏固好，瘦身之事等回程再做打算吧！

在南極只要轉為陰天，氣溫便驟降，此時不管躲到何處都覺得冷颼颼。幾位來自北方的隊員見我在寢室老愛穿著厚重棉衣，坐在臥鋪用被子緊蓋下半身，將隨身電腦放在雙膝上，曲著身子敲打鍵盤，就笑說我是標準的南方人，對低溫的忍受力極差。

我猜身體容易感到冷的原因，和吃的東西極有關係。紅、白蘿蔔是少數能在極地長期置放而不腐壞的蔬菜，因此幾乎天天可吃到白蘿蔔，倒是綠色的葉菜類卻越來越少。白蘿蔔在食物性質上偏屬涼性，在南極天天吃不但火氣沒了，陰寒之氣更是整天在骨子裡亂竄，怪不得手腳不時覺得冰冷。

有天吃飯，鍋盆裡出現一道顏色極為鮮綠的青菜，供應量十分充裕，令我眼睛為之一亮，餐後問了大廚，才知道這種青綠色蔬菜其實是乾燥過的脫水蔬菜，烹煮放到水裡讓它脹大，便可像平常的葉菜一樣烹煮，口感及外形感覺不出它是「假貨」。改天回臺灣若遇到菜價再度飆漲時，吃吃這種脫水蔬菜也是不錯的替代方案。

菜庫裡的薑是廚師做菜時不可少的佐料，有次差點被我們幾位幫廚的隊員給毀了。大夥原本準備挖沙埋薑，幸好老隊員及時阻止，他說說挖沙埋薑這方法往年試了好幾回，把薑儲存在蓋滿沙的箱子裡，濕度及溫度都不對，最後全都悶壞了。用泥沙保存薑的方式，在極區外可行，偏偏在南極不適用，倒是把薑擺在菜庫的暗處，放上一整年都不成問題。

雪龍號上有各式庫房存放不同食材，中山站也一樣擁有魚庫、肉庫及菜庫等，連不起眼的雞蛋也可以置滿一間小庫房。老隊員說外國站的蛋頂多貯放三個月，中山站的蛋在攝氏零至四度的庫房裡可以放上一年。度夏結束，入冬之時，站上仍有雞蛋可用，羨煞許多外國站的友人。

中山站長久保存生蛋不變壞的祕訣就是：船上運至站區的蛋一入庫房先記錄日期，隨後將每只一百二十粒裝的方型紙箱箱壁鑿洞，保持箱內透氣，接著前兩個月每二十天紙箱翻轉一百八十度，第三個月後每隔十天上下再翻動一次。庫房中裝蛋的箱子少說也上百箱，翻蛋的過程雖然費工，但保證蛋可存放至隔年雪龍號再次進站。至於這些攜至南極的雞蛋，為何經過翻蛋程序便不易腐壞，是誰發明的，問了好多人都沒答案，但可以確定的是，這是南極考察隊員發現後一年年傳承下來的密技。

在南極能吃到水果是令人期待的事。能運送到此地的水果包括梨子、柳橙、蘋果及柚子等。水果貯量有限，平均五至七天才發放一次。

中山站餐廳裡，附設一處放滿各式飲料、罐頭、泡麵及各式酒品的小櫃臺，隊員們可自行取用，貨品一旦缺少，站上管理員點完數量後，會請值日生補上。這項貼心服務是因為野外工作的隊員們回程時間不定，但不管他們何時回來，只要進餐廳至少有食物可充飢。這種類似小雜貨鋪的物品完全免費，據說有人在極地站待了一年後，返回現實社會的真實商店，真會失去使用貨幣的概念，而發生忘記付錢、拿了商品便轉身離開的窘境。

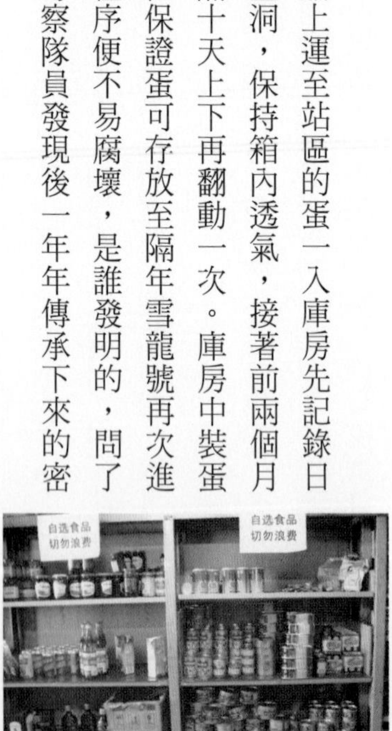

小雜貨舖完全免費，隊員可自行取用食物。

在莫愁湖上愉快的享用柳橙。

考察站的居住空間

南極中山站目前有十餘座建築，包括辦公棟、科研棟、生活棟、發電棟等，其中生活棟是中山站最新的宿舍，最舊的宿舍聽說是現在的發電棟。

發電棟使用近二十年，是由貨櫃拼湊成的平房，裡面除了餐廳及伙房外，其他空間改建成醫務室、圖書館及報務房。此外，還有座澡堂，隊員洗澡的熱水來源是發電機使用後的回收冷卻水。

生活棟約兩層樓高，實際上是兩層半，一樓下方半層全是空的，僅見支撐起主建物的厚實鋼架。生活棟架高半層的設計，可以避免建物底層被

中山站最新的宿舍生活棟。

白雪掩蓋。室外有座高約兩公尺的階梯，聽說到了冬天下大雪時，全都沒入白雪之中。

生活棟二樓，以樓梯為分界線，建物主體分成兩半，右側二〇一至二〇九這九間寢室坪數較大，格局是一室兩房。兩間小房中間有一道門，靠窗小房是讓長官住的單人套房，採光較好，可以看見室外景色，還有個人衛浴設備。另一側小房雖有二床，但沒有窗戶，關上燈後，室內是全暗的。上樓左側二一〇至二一九這十間房坪數較小，採單間格局，寢室裡擺著一張單人床以及一組上下鋪，裡頭有扇不可開啟的兩片式玻璃窗，還有一間獨立的衛浴設備。這種擺設有點像住在雪龍號艙房。

左側寢室長廊的盡頭有扇通往室外厚實的門，門外並無樓梯，只有一支細長的鋼柱連接至地面。厚重的門裡面有隔熱材質，能避免室內溫暖空氣迅速流失。在南極沒有陽光的冬季，戶外最低氣溫會降到攝氏零下三十多度，因此隨處可見厚實笨重的大門。

延伸至地面的鋼柱是為了讓隊員在遇到火災等緊急情況時，可以順鋼柱迅速下滑逃生。由於極地非常乾燥，經常聽聞某個國家的考察站發生火災意外的消息。如中山站旁的俄羅斯進步二站就曾發生過火災意外，燒毀一棟宿舍，並喪失一位隊員，因此在南極經常宣導防止火災的消防安全觀念。

盛夏的南極有多乾燥呢？乾或濕其實是人體對周遭空氣所含水分多寡的直覺，實際

生活棟一樓下方半層全是空的，架高半層的設計可避免建物底層被雪掩蓋。

上可用相對濕度來量化。濕度越低代表在該溫度條件下，所含的飽和水蒸氣分子就越少。在這種環境下不但物品特別容易著火，人體皮膚、嘴唇與腳跟也容易龜裂，在我們進入極區前，所發配的個人裝備中，便包含了乳液與護唇膏等。至於中山站在融冰季節的盛夏期間，相對濕度只有百分之四十左右，入冬則更低。

生活棟房間都加設暖氣電熱板，但為節省能源，暖氣僅在氣溫較低、沒有太陽光直接照射的夜晚才會開啟。浴室裡水龍頭的冷水是從莫愁湖裡抽上來的，熱水管路可以使用，但為了節能，一年裡僅有內陸隊歸站的那一夜，寢室才會供應熱水。平時考察隊員想洗澡時，只有頂著寒風，端起臉盆，走到一百公尺外的發電棟。

中山站住宿條件雖不及雪龍號，但最大好處是每間房裡都有網路插孔，接上個人電腦，可即時收發e-mail，閒暇之餘還可得知南極圈外的新聞報導，真的很方便。不過全站共用一條頻寬僅五百一十二ｋｂ的網路線，網路速度有時真是慢到不行。

極地交通工具

南極是地球上最晚被人類發現的一個陸塊。與澳洲一樣，是個四面環海、極為獨立的陸塊。早期人類為方便探索南極，曾經帶來雪橇狗；《南極公約》簽署後，依約不許攜入外來物種，因此動物拉雪橇運送貨物的景象在南極各國的考察站上漸漸消失，取而代之的是各種動力機具。

南極最方便的交通工具為直升機。圖為戴維斯站的S76直升機。

在南極最方便的交通工具莫過於直升機。直升機使用的航空燃油，即使溫度再低，也不會結冰，只要風速及能見度許可，直升機隨時可待命啟航。但是直升機的油耗量相當驚人。這種昂貴的運輸工具通常只在十二月至隔年三月南極盛夏期間，隨考察船進出南極，船一旦駛離極區，直升機也隨之離開。

我心中第二名的交通工具是雪地摩托車。雪地摩托車外形像水上摩托車，車頭方向把連結下方兩根鐵橇作為轉向工具，後方以橡皮履帶作為動力，行駛時轉向靈活輕巧，衝刺在一大片冰面時，速度相當快，也具有極高的穩定性。

雪地摩托車的排氣量五百至

全新雪地摩托車，外形像水上摩托車，行駛時轉向靈活輕巧。

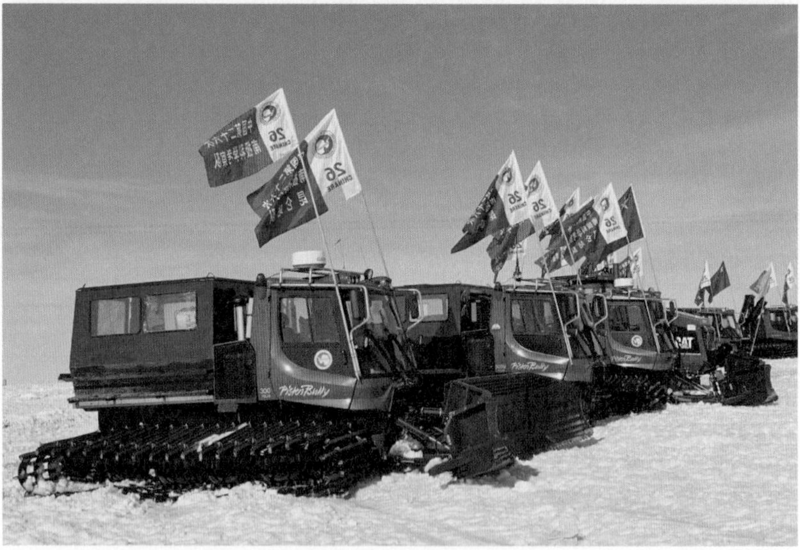

雪地車非常受各國考察站的青睞。

八百西西不等，通常承載兩人，使用汽油作為燃料，坐墊後頭的掛鈎可以鈎住貨物，是相當實用的輕型交通工具。駕駛雪地摩拖車非常簡單，只管前進、轉彎及剎車，在廣闊的冰面上很容易上手。

雪地車是另一種實用且重要的雪地運輸用具，人員坐在機艙裡，開啟暖氣吹著熱風，可暫時抵擋戶外的低溫，非常受各國考察站的青睞。它有加寬版的履帶，行進在細軟雪地上一點也不費勁；使用油料與直升機一樣的航空燃油，可以在極低溫的環境下行駛。

雪地車是中國內陸隊人員上冰穹的主要工具。其他國家的科考人員均搭乘固定翼飛機前往冰穹，只有中國採用雪地車挺進海拔近五千公尺的高度建站，這是其他國家現階段不敢嘗試的。

雪地車的橡皮履帶主要設計用於雪地上行駛，因此冬季積雪厚，履帶的受損機率不高。但夏天時，積雪化開，露出岩石、泥沙，雪地車行駛在

來自俄羅斯進步二站的裝甲運兵車，
外形像坦克，坐艙空間非常狹窄。

仍在中山站服役的老雪地車。

石子路上，履帶就很容易受損。每年雪龍號都會運來耗材，由機械師在站上完成雪地車的小保養或更換零組件，除非有極為嚴重的損壞，才由雪龍號運回極地中心維修。

中山站除了雪地車外，還有一輛外形極像坦克的履帶車。它是來自俄羅斯進步二站的裝甲運兵車，年代久遠，但至今仍能正常運轉。這種車輛的備用零件只有俄羅斯站才有，萬一連進步二站也找不到零件，站長又要車子能動能跑的話，就得仰賴機械師的巧手了。

裝甲車設計為軍事用途，外形看來雄壯威武，但是坐艙空間非常狹窄，進行野外調查時，一旦坐艙放入大量實驗器材，乘員的空間便壓縮了一半以上，坐在行進間的裝甲運兵車裡，有如包裹在粽子裡的肉餡，擠得讓人喘不過氣。由於輪軸上的避震系統失效多年，車行引發的劇烈狂震，也讓人畢生難忘。

論乘坐人員的舒適度，中山站最新款、避震器最佳的車輛當屬二十五次隊從澳大利亞購入的小貨卡。四輪驅動的貨車不具履帶，僅在積雪化開的盛夏期間可以行駛，但行進速度及載貨效能遠在履帶車之上。受限於氣候條件，一年之中僅有三至四個月的時間，貨卡才能行駛，因此一年累積的總里程數不過區區數百公里。

極地中山站還有許多工程用車，例如巨大無比的八輪大吊車、四輪推土機、水泥預拌車等，用來支援站區裡的各項基礎工程建設。

中山站有處戶外加油站，沒有遮雨棚。圖中桶槽位置便是加油站。

大家一定很好奇，極區的車輛如何加油呢？中山站有一處加油站，置放油料的長條形大桶槽兩側，還畫上京戲臉譜。這座沒有遮雨棚的戶外加油站沒有加油的臨時工，一切得自助。

科學家也要當值日生

中國在南極考察站的工作人員，每年都會更替一批新人，在人力編制上除了專門蓋房子的能力隊員、煮飯的廚師以及飛行員及機組人員，其他隊上的科考人員（包括醫生）都要輪流協助打掃、幫廚以及搬運貨物。

由隊員協助執行勤務工作，品質較難掌控，像是幫廚削菜或洗餐具有否注意衛生，貨物運送能否仔細慎重的把貨物安全移入倉房裡，或者工作效率等問題，有時涉及個人的細心程度及經驗。

若說澳洲戴維斯站是個有組織、分工細的現代化聚落，中山站則是剛起步、仍在建設開發中的極地考察站，在站務管理方式以及經驗傳承相當需要向附近友站借鏡。

雪龍號上居住的生活空間有專責人員打掃，用餐完畢後的餐廳整理也有專人帶領，幫廚這項勤務只是協助性質。在極地科考站，隊員除了需要輪班擔任一整天的幫廚工作，也要輪流當值日生進行居住空間整理。科考隊員排定為值日生時，除非站長有特別的任務指派，否則值日生只能留在宿舍區從事打掃工作。

值日生的工作從早餐結束後開始，首先是打掃生活棟一、二樓地板，接著拖地。很多人存疑，在冰天雪地的南極也需要拖地？沒錯，十二月初的南極洲正值盛夏融冰季節，隊員們所穿的厚重防雪靴一踏入室內，會挾帶大量泥沙。一天下來，隊員在生活棟裡進進出出，室內地板需要經常清理。一旦外頭下起大雪，積雪覆蓋大地，地上的黃泥也跟著消失不見，這時生活棟地板就不髒了，因此室內拖地的工作似乎是南極盛夏才會出現的環境整理勤務。

另外，值日生要倒垃圾。在這裡沒有商店可買東西，三餐又有餐廳供應，令人匪夷所思的是，垃圾桶經常是滿的。這裡多數的垃圾是以焚化方式處理。金屬、玻璃及塑膠類則集中到貨櫃，最終由雪龍號運離南極。

幫廚則從整理餐桌開始，清洗大餐盆及前一晚盛裝宵夜的大鐵桶、清理廚餘，並協助準備中餐及晚餐所需食材。飯菜準備好時，值日生需到餐廳外頭敲鐘，通知隊員前來用餐。

垃圾，從何而來

中山站每天一堆垃圾，到底從何而來？仔細觀察，發現它們來自站上免費提供的罐頭或食品包裝居多。

值日生與幫廚這兩樣工作都挺累人的，一天下來不比野外採樣輕鬆，但扎實過了一天後，能學到的東西還真不少。尤其幫廚這項任務是與兩位曾經出席過北京奧運會主廚群的廚師們一起共事，更是難得的經驗。大廚與二廚們也會無私的教導很多寶貴經驗，與一般在餐廳打工有著不同的感受。

卸貨臨時工

每年雪龍號抵達中山站時間多選定十一月底至十二月上旬之間。船太早到，冰層太厚，耗費許多能量在破冰；太晚到達，冰面過薄，重型機具無法在冰面上停留，不利卸貨。

通常船停泊距離中山站岸邊十五公里左右，便會派出小型雪地摩托車，拉著測冰雷達，在冰面上仔細探察冰情，在較厚的冰面上插上旗幟，導引雪地車順利開至站上。探路時間選擇在凌晨三點，氣溫最低的時間。第一架次探勘的雪地車是開路先鋒，一邊前進，遇到較薄的冰層需要使用冰鑽來鑿冰，確定是否為機具可通過的

雪地車探察冰情，遇到較薄的冰層需使用冰鑽試鑿，確定機具可安全通過。

雪龍號在冰面卸貨初期，由人力拖著白色網兜，搬運集結貨品，等待直升機前來吊運。

安全厚度，通常冰層在一．五公尺以上較為安全。大片的浮冰之間常存有肉眼可見的冰裂縫，這時先遣隊員便會使用厚實的木板搭在裂縫上，以利重型機具通過。

雪龍號到達中山站，此地的季節已漸漸進入永晝，氣溫與海水溫一天天變暖，中山站外緣的大片海冰因底層海水變暖，厚度逐漸變薄，也讓冰上卸貨進度與時間賽跑著。卸貨初期，隊員每天工作重點：在冰面上徒手拖著白色網兜，搬運集結貨品，等待直升機前來吊運。雪龍號吊下一堆貨品後，船身又持續向前破冰，成堆的貨物等距離暫放在船身劃開的航道兩側。一堆又一堆從船艙吊出放置在冰面上的貨品，好像永遠也搬不完似的，著實讓人見識到雪龍號貨艙的裝載能力。

網兜的貨品一堆滿，等待直升機前來的時間是休息時間。在雪地裡幹活，特別容易消耗體力。每每躺在雪地上休息時，總會感到肚子裡的食物快消化完了，於是費力搬貨後，疲累的躺在冰上休息，急切等待下一餐的到來，便是冰上卸貨隊員們的心情寫照。

二〇〇八年末第二十五次隊考察隊，在這同樣的冰面上，使用雪地車接運貨櫃，遇到險些釀出人命的事故。當時雪地車往中山站前進，行駛沒多久，便掉入冰縫中，所幸駕駛員機靈，從駕駛座上方艙口逃了出來，全身濕透，身體凍傷了，幸好保住性命。據說俄羅斯進步二站的雪地車，就曾發生掉入冰裂縫的致命意外事件。

海冰整體厚度雖逐日變薄，但此時岸邊冰層仍然比最外緣海冰厚實，雪龍號在卸貨後期，破冰船距離中山站區不到五公里，這裡的冰面暫時仍可承

由雪地車拖運貨物。

冰上人力搬貨。

雪龍號冰面卸貨時，常在一旁虎視眈眈的賊鷗群。

受雪地車的重量，故先前由人力協助搬運至冰面網兜的集貨工作由雪地機具取代。在協助卸貨空檔，我常至冰面上幫忙室友小熊採集賊鷗糞便。小熊超好的眼力能同時注視好幾隻賊鷗的屁股，只要鳥的括約肌稍有動靜，小熊便立即跑去，看看有沒有新鮮鳥糞。熱切找尋鳥屎的我們，在別隊友人眼裡真是好笑極了。

為直升機加油須十分小心靜電威力

南極冰上卸貨的那段時間，生活只能用「忙到爆、累到翻」來形容。白天有卸貨工作，深夜回到寢室還要寫工作日誌，離開生活艙前，僅能用幾分鐘時間，將前一晚寫的東西匆匆看一遍，便急忙按下電腦按鍵傳回臺灣。

有位隊友說得很有道理：來到極地就要把自己當考察隊員看待，千萬要把先前身分都忘掉，什麼科學家、醫生、學者、專家，在這裡遇到卸貨任務，全部都是「臨時工」，後勤補給工作沒搞好，別說科學考察，可能連家都回不了。進入南極冰天雪地的艱困環境，這些話的確讓人感同身受。

某日我們四名隊員的主要工作就是為卡32這臺巨無霸直升機加油，而且是不停機作業。所謂的不停機作業就是直升機螺槳仍在旋轉時加油。

卡32雙螺槳直升機一次最大吊重為五噸，是澳洲S76直升機的五倍。卡32最大載油量為十二桶，但為了能吊更多的貨品，我們每次只加四桶油。為顧及飛機的平衡，油槽前後共有四個加油孔，每個油孔一次添加一桶油。直升機在雪龍號後甲板降落，即便已減低至最小馬力，但吹下的風還是非常強勁，人無法直接站在飛機下方，要稍微半蹲緩步慢行。我們兩人為一小組，主要工作是搬運油槍，抽換吸油管至另一個油桶，進行加油發電機幫浦的啟動，並幫油桶連結接地線。

連結接地線的步驟看來沒什麼，卻萬分重要，因為極區非常乾燥，靜電現象在這裡極容易發生：開門的門把會有靜電，拿件衣服也會被電到，更好笑的是我曾經拿東西給隊員時，兩個大男生就這樣不經意的「來電」了。

在雪龍號後甲板上，為巨無霸直升機卡32
進行不停機的加油作業。

卡32雙螺槳直升機一次最大吊重為5噸。

金屬以自由電子來導電，當我們觸摸到漏電的銅線而被電到，會覺得理所當然，因為金銀銅鐵本來就是導體。然而，如木棒、絨布、玻璃，甚至於人的雙手也能夠經由與其他不同的物質磨擦生成靜電，強大威力不亞於家裡電器漏電，在南極這種乾燥的環境，確實讓我大感震驚。由於在此地發生的靜電現象頻率實在太高，外加它的電力又超強，為這麼巨大的直升機加油時，誰也不想讓靜電產生的火花引發爆炸意外。

從戴上厚重的耳罩，看著飛機降落，開始固定輪胎，加油，到飛機離地，一次加油所需時間約十五分鐘。加油這段時間，我們受到極大的噪音影響，彼此間無法以言語對談，只能比手勢做簡單的溝通。

為直升機加油真是非常難得的經驗。我相信，如果不是在破冰船上，並執行冰上卸貨這種繁重任務，一般直升機不太可能進行不停機的加油作業吧。

掛病號

文／林家興

長城站

南極大陸平均海拔兩千五百公尺，是地球上最高的大陸，高海拔、低氣溫、氧氣含量少。我們在野外工作時，總覺得特別吃力，因為空氣稀薄加上寒風及低溫的多重效應，體力消耗更迅速。

經過幾天野外採集，寒冷的天氣加上忙碌生活，考察隊員的體力也不勝負荷。有天早餐時，隊友廷煒還癱在床上，發燒了。儘管他堅強的說：「沒什麼關係，稍作休息即可。」為了他的健康著想，還是必須請站醫診療，畢竟此時是在冰天雪地的南極大陸，如果因為延誤治療而引發其他併發症，後悔也來不及。廷煒野外採集的經驗豐富，一直是研究班公認的採樣好幫手。還有好幾個規畫樣點未進行，可不能失去這位採樣主力，我決定陪廷煒在第一時間去就醫。

接下來幾天，我和廷煒留守站內，從事比較柔性的幫廚工作，藉此恢復體力。留守期間，和站上其他隊員聊聊天，增進彼此間的友誼，也了解其他各班的工作概況及進展。

南極長城站有個小型診療室，醫療設備堪稱齊全，藥品及醫療用的消耗品全由雪龍號整批運送過來，感冒、擦傷及小病痛都可以在這裡得到妥善照顧。站上醫生群乃經過好幾次選拔，有足夠的經驗才能擔任極地站醫，肩負起考察站醫療的重責大任。

在極地一旦受傷，若是一般小型外科手術，站上的醫療資源還可勉強應付，如果出現嚴重的外傷，向臨近友站尋求協助，如請求智利空軍前來搭載也必須等上幾天或一星期，最好的自保方法就是要懂得照顧自己，讓身體隨時處於良好的健康狀況，而且不從事危險活動。

中山站

文／郭富雯

一天早上，我窩在厚重的羊毛被裡，依然覺得中山站寢室的氣溫很冷。室友吆喝著吃早飯，我只覺得身子很虛弱，頭有些疼，整個人無力的癱在床上，使不出半點勁。

當天協助採樣的人手不夠，需要我一同前去幫忙。我奮力挺起身子，穿好雪地裝，並戴上墨鏡及頭罩，虛弱的躺在生活棟下方鋼梁的水泥地上等候隊友。室外陽光耀眼，但我的身子不時發冷。大約過了十分鐘，湧上一陣想吐的感覺，我立刻回到寢室狂吐，緊接著拉肚子，之後整個人躺在床上完全使不出力。

室友小熊叫我多休息，並吩咐若是再感到不舒服，趕緊找站醫朱醫生。隨後，我脫掉了不透氣的雪地衣，窩在被子裡昏睡。再次醒來已接近中午，沒有食欲，只感覺很冷。起身坐起來，肚子再次感覺疼，拉完肚子後，身體更覺得虛寒，決定到站上醫院看病去。

這間稱為「醫院」的小診療室規模非常迷你，面積大約僅有兩坪大，裡頭堆滿了各式醫療器材。放置小攝子、注射器具的玻璃櫥櫃，被放在這裡少說也十多年了，可稱為「古董級」的醫療器材櫃。診療室裡還有古老的手術燈、治療牙痛的老式磨牙機臺、消毒用的滅菌鍋等。我猜這些器材足以應付傷口縫合的小手術，但希望最好只是備而不用。

我詳細告訴朱醫生症狀後，他先拿水銀溫度針幫我量體溫。量體溫時，我一個人靜靜躺在醫院裡唯一的病床上。這小空間裡放了電暖器，格外溫暖。還好，沒有發燒，喉嚨有點發炎。朱醫生摸了摸我的肚子，用聽診器仔細聽了一下，並量測血壓，診斷結果是腸胃炎。朱醫生取了一碗拌有些許糖及鹽的溫水，要我和藥丸一起服下，並請我安心躺在病床上好好休息，取了厚重的羊毛毯子給我蓋上。我再度昏睡，這一覺睡得真夠久，醒來已接近晚上八點。服用過朱醫生開的藥方之後，整個人感覺好很多。

朱醫生囑咐我改天到雪地作業時，切記要帶上一壺溫開水，不要直接喝暴露在室外的低溫瓶裝水。他說，他上個病患澳洲飛行員阿Ben，症狀和我類似，也是在雪地上幹了一整天的活，接著隔天就上吐下瀉。

在南極生病不僅幹不了活，還要麻煩別人。經歷這次病痛後，只要一到冰面或野外作業，我一定帶一壺熱水在身邊，渴了就喝熱水，果然之後都沒有身體不適或腸胃不舒服。

南極不容易感冒的傳聞獲得證實

某天用餐與站上醫生同桌，我好奇的問了在南極不容易感冒的傳聞，醫生回答在南極仍然會著涼、流鼻水，但確實沒有什麼感冒病毒。

極地乾燥、低溫，加上超強的紫外線會殺死病菌，人類在這裡不容易感染流行性感冒，不過一離開南極返回國內，身體裡抵抗病菌的抗體變弱，相對容易感冒。先前聽到的傳言，得到了醫生的證實，回臺灣後先自費去打一劑抗流感疫苗吧！

在極地過年

元旦

二〇〇九年最後一天，生平第一次不在臺灣跨年，但作夢也沒料到第一次在異地跨年，居然是在五大洲之外，距離臺灣一萬多公里遠的南極。

這天晚上，多數隊友們擠在飯廳裡喝小酒、打牌，看著央視第一臺慶祝二〇一〇年到來的電視直播節目。我在沒有黑夜的盛夏季節，時差慢臺灣三個小時的極地中山站，一個人獨自待在二一〇寢室，戶外風車槳片轉得飛快，看著時間倒數進入二〇一〇年，才拉上窗簾安心入睡。

元旦早晨，中山站沒有舉辦特別的升旗儀式，早餐時間站長宣布放假一天。實際上，放假僅針對能力隊隊員，這群每日為了站區基礎建設勞碌不停的硬漢們。科考班屬於心情上的休息，而且站上遇到烤肉活動及廚房加餐時，手邊有空閒的隊員都得幫忙。

難得的元旦假期除了中午有烤肉活動外，站長還特地安排能力隊人員輪流乘坐卡32直升機到站區周圍瞧瞧，給予平日辛苦建設的隊員們些許精神上的慰藉。科考班隊員因工作關係，較有機會在站區周遭到處活動，像企鵝島、俄羅斯的進步站，或是冰蓋上的內陸隊出發地，有的都已經去了好幾回。能力隊員們幾乎都窩在建築工地裡，衣服總是滿布泥灰。難得歡慶元旦，能力隊隊上規定一律穿新衣出門，成員個個有如丟到洗衣機裡洗過，走出來時，衣著乾乾淨淨的，臉上也同樣潔淨，更顯英挺帥氣。

午餐過後，大廚們開始準備麵團及餡料：包餃子了。這天雖不是農曆新年，但總是過節，吃些餃子增加歡慶新曆年的氣

南極到世界任何其他一個地方，至少都上千公里。

氛。

晚餐後，無風天氣晴，一架由隊友操控的無人遙控飛機，在幾乎沒半朵雲的藍天上飛來轉去，幾隻賊鷗誤以為領空闖進了入侵者，展翅前來攔截，鳥兒一接近飛機，便被嗡嗡作響的巨大引擎聲嚇著了。

無風無雲的天空很美，眾人看著飛機進行各式飛行特技表演，讚賞驚呼聲連連，掌聲更是此起彼落。

二〇一〇年的第一天，在南極，希望此生某年某月能有幸重遊此地。

俄羅斯站聖誕節燒烤

俄羅斯進步二站在元月七日舉辦了一場燒烤活動，俄方邀請中山站十名隊員一同共襄盛舉。極地研究站舉辦的活動多與節慶有關，不同於其他信奉天主教、基督教的多數國家，俄羅斯及烏克蘭等國信奉東正教，傳統的耶誕節是元月七日。

電影裡的聖誕節場景往往是大雪紛飛、白雪皚皚的世界，劇中情境多半發生在北

元旦假期中午，中山站舉辦烤肉活動。

半球。但南半球歡度聖誕的方式，極可能是拿著衝浪板到海濱戲水，或在海灘邊小木屋裡度假。同一個節日北半球穿厚衣，南半球卻穿比基尼，這是國中時代念地球科學時，老師沒多提，自己也不曾多想的，現在卻得以親臨現場實際體會。

在南極過聖誕節的好處是不論在何處，找個應景的白雪場地、堆座小雪人都不是難事。應是南半球所有區域中，歡度聖誕最有氣氛的地方了。

燒烤活動地點在俄羅斯站區附近幾百公尺，一處面向海冰的沙灘。隊友們迫不及待跳下車的同時，俄羅斯站長及多名幹部已前來迎接。自中山站建站以來，雙方始終保持良好的關係。近幾年中山站積極進行各種軟硬體設施的擴充，尤其是新建衛星無線網路更令俄方羨慕不已。

這天舉辦的燒烤活動規模比起中山站元旦的那一場要簡單許多，菜色除了醃製烤肉串及厚片牛肉，另外三個餐桌上擺放的，是已烘焙好的俄式麵包。麵包是俄羅斯人的主食，我們可以自行選用桌上的配菜，或搭配各種醃漬醬料。此外，各式水果、沙拉冷盤都以瓷盤整齊的放置在桌上，讓人彷彿置身歐洲婚宴或重要友人聚會的戶外歐式自助沙拉吧。

重頭戲的烤肉則不用大家動手，由羅斯國站的大廚親自操刀，各式肉串及牛肉烤到恰到好處，放置在火爐前的不鏽鋼盤中，想吃什麼或要吃多少任君挑選。俄羅斯人也是利用舊汽油空桶加以改裝製成烤爐，使用的燃料是全部仰賴進口的木炭。

這是我在南極參與的第三次烤肉活動了。由於極地天候冷，吃這種由火爐上剛取下、仍在冒煙發燙的肉品最適合不過了。大口吃肉時一定要搭配的飲品便是啤酒，中山站站長特別交辦攜帶兩箱的南極啤酒贈送給俄方。看著俄羅斯友人開心的喝起南極啤酒時，幾名眼尖的隊友發現俄方提供的啤酒竟然不是俄羅斯貨，而是德國生產的啤酒。隊友說這種啤酒是德國的老字號品牌，不過在中國因價格高，且德文WARSTEINER的中文譯成沃斯樂（「我死了」的諧音），因此在中國仍不是很普及。

聞著俄式獨特風味的烤肉香氣，口裡品嘗美食佳釀，肚子感覺七分飽時，大家才漸漸注意到沙灘外美麗的浮冰與中山站外大不相同。俄羅斯人選在這處景色怡人的海灘舉辦燒烤，除了考慮山谷地形可以阻擋一些冷風，另一個原因是可以近距離欣賞峽灣內不停漂動的浮冰。

受地形影響，加上湧浪推擠，塊狀浮冰群呈現上下起伏的激盪狀態，這種現象是我來到極地首見。這是因為海冰下方的海水湧到峽灣盡頭後，沒後路可退，又被反推回去，這種海洋物理現象產生的力道竟然可以將巨大的厚片浮冰群一會兒抬升、一會兒又急遽下拉，雄偉氣勢真是令人讚嘆。

在極地舉辦烤肉活動，除了賞浮冰、看企鵝外，最令人愉快的是沒有惱人的蚊蠅，連對環境耐受性極佳的蟑螂或老鼠都不曾見過。但外形長得像烏鴉、令人十分厭惡的賊鷗倒是很多，牠們如影隨行，不停覬覦任何可以吃的東西，賊鷗們自然也不放過這場烤肉盛宴。體形碩大的賊鷗翼展約一・三至一・四公尺，我們到達的十二月分正是牠們產卵的季節。賊鷗的食物包括魚類、小企鵝、以及其他的小型鳥類等。屬於南極猛禽的賊鷗，為了搶食，同類之間經常互相攻擊。

整場烤肉活動中，與俄羅斯人的互動熱絡。中山站工程班隊員找俄羅斯工頭聊天，潘二廚幫俄羅斯大廚燒烤，我和室友小威則找俄羅斯研究學者聊天，其中有從事極地土壤及細菌研究的，也有進行生態環境考察的，還有做氣象觀測的，有些科學家甚至到過美國做過博士後研究，英語說得很棒，破除了俄羅斯人英語說不太好的刻板印象。

俄羅斯站的聖誕烤肉聚會真的很特別，除了不在十二月二十五日舉辦、俄羅斯人喝德國啤酒，還有起伏不定的浮冰，以及英語說得很棒的俄羅斯人，我的心情也無比愉悅，其中很大因素是再過幾天就要回臺灣了。不過幾天後，心情卻跌落谷底，因為雪龍號被重重的海上浮冰包圍，無法脫困駛向中山站，我必須在中山站多等上一個月，才能返臺，那個四季如春的溫暖國度。

俄羅斯進步二站在附近沙灘舉辦聖誕節燒烤活動。

中國年

年前一場大雪，醞釀了即將到來的過年氣氛。

印象中雪是細緻的，勻稱的六角形結晶、錯綜複雜的細部華麗構造，實在令人讚賞。每個冰晶都有些微的差異，沒有兩個完全相同的結晶。我不太記得南極的雪是否有明顯的冰晶結構，只知每次大雪一來，是一整顆往下掉，活像撒爆米花似的。同隊友人不少是來自大陸北方內地，他們直誇南極降雪總是那麼粗獷豪邁。

狂嘯的暴雪越來越肆無忌憚，不但玄關外的雨擋上累積了厚厚一層，路上厚實的積雪也阻礙我們由生活棟走到對面的餐廳。從事戶外工程的隊友幹不了粗活，便聚集在寢室打橋牌，或者泡茶聊天，有些人頂著風雪走到發電棟的健身房運動或打撞球。內陸隊員則一個個排隊等著打電話，兩個月沒對外連絡了，回到站區總得跟國內的親朋好友道聲平安。還有幾位隊員甚至在客廳直接擺起凳子，幫人免費剃頭髮。

到了除夕，中山站的年味濃到化不開了，好久沒有感受這種過年的氣氛。全站隊員都換上最乾淨的衣服，準備迎接一年當中最重視的傳統節日。伙房精心烹調了燒烤以及精緻的二十幾道家常年菜，在午餐時刻供大家享用。餐廳還有猜燈謎的特別活動，讓大家動動腦。

酒足飯飽的午後，雪稍微停歇，一夥人走向戶外。走過小湖與莫愁湖之間的土堤，往西南高地前進。積雪深及膝蓋，我們花了比平常足足多一倍的時間，才順利登上西南高地。這時所有天線電塔已全部豎立起來。放眼望去，紅白相間的鐵桿圍繞著天線上蛛網般的鋼纜，交織成一幅複雜卻有條理的幾何圖形，高地上這幅人造的壯碩景致讓人嘆為觀止。

過了個年，拉斯曼丘陵似乎褪去了暑氣，呈現冬天將至、萬物即將靜止的休眠狀態。晚飯前，胡站長集合全站人員，在中山站前廣場大合照。這是自從進入中山站以來，中山隊、內陸隊及能力隊所有隊員的首次齊聚。

北方人通常都是吃餃子過新春，大廚不能免俗的在除夕夜安排了水餃大餐。大夥一邊吃，一邊期待一年一度的春晚特別節目。他們說收看完這個節目，才算真正度過除夕午夜，進入新年。

中國大陸春晚節目排場果真盛大，節目邀集了中、港、臺三地影歌星齊聚一堂。特別節目中看到臺灣的魔術師劉謙，另外消失螢光幕多年的小虎隊，在虎年（二〇一〇）迎春的特別表演再度出場。印象深刻的，還有王菲的新歌「傳奇」首播，依然深深擄獲大家的心。美中不足的是，我們看的電視是透過

南極降雪粗獷豪邁，活像撒爆米花似的。

除夕夜在南極中山站收看春晚特別節目。

衛星網路傳播，後半段因訊號不佳，大家興致大減，看完整場節目的人似乎不多。

大年初一早上細雪不斷，站上依然延續著濃濃的年味，有的人在戶外玩雪，或在餐廳裡打牌，或是去站區周邊拍照。下午雪停了，還微露一絲陽光。我和室友小威走到鴛鴦島的碼頭，去看看先前釣魚的老地方。這是離站前最後一次來到這裡了，四周除了添上銀白色雪景外，景物依舊。海面先前稍稍化開的浮冰，又凍結了。仍有幾隻海豹，但最常見的阿德利企鵝好像消失一陣子了，猜想牠們已悄悄離開即將進入冬天的南極了吧。

年初二是我待在中山站最漫長的一天。一早就去報房打探雪龍號的位置。我們從中午等到下午，再到晚上，得到的訊息都是船停泊在外海，我得待命，隨時可能要離站。晚飯過後，確定第一批離站人員還得等上一晚，再搭雪鷹直升機回船，這是我在南極陸塊上的最後一次入眠。

Part E

零下任務

我們的發現

彙整／宋秉鈞

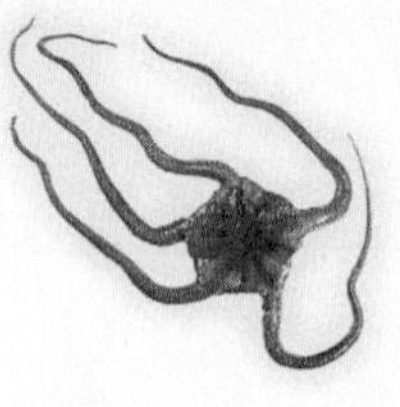

亞熱帶科學家與南極水域的第一次接觸

臺灣所在的地理位置極特殊，島嶼位處熱帶與亞熱帶的交界處，相對於三萬多平方公里的面積而言，臺灣單單本島的海岸線即長達一千多公里（尚不計入離島的海岸線）。黑潮、南中國海表面流以及中國大陸沿岸流在島嶼周邊交會，帶來了豐富的海洋生物物種，並造就臺灣周邊水域極高的海洋生物多樣性。

國立海洋生物博物館（以下簡稱「海生館」）自開館以來，即持續推動臺灣的海洋教育以及各類型海洋生物的展示，由自身出發（臺灣水域館）至周邊水域（珊瑚王國館－南中國海），乃至全球海洋（世界水域館）都是海生館研究和展示的區塊，這當中更包含蒐集來自世界各地不同海域水生物的標本典藏。

海生館在臺灣的海洋生物研究上居執牛耳地位，唯獨對極區海洋生物的蒐集、典藏、展示與研究尚有欠缺，但南極周邊海域集全球洋流匯集之大宗，是全球氣候與環境變遷最直接影響與表現的區域，在海洋生物的研究上有極重要的價值。故自二〇〇九年起，海生館與國內的海洋及環境研究單位如東華大學、正修科技大學以及中山大學合作，開始與中國的極地科研考察單位一起前往南極，利用中國雪龍號萬噸級破冰船，以及其位於南極的工作站（主要為長城站與中山站），進行有關南極的科學研究計畫。

臺灣負責研究執行的計畫主要有兩項，分別是：（一）「極地海洋生物所含生理活性物質之研究」和（二）「南極環境中持久性有機汙染物特徵研究」。對臺灣的海洋生物研究領域而言，這是臺灣的研究單位首次有機會正式跨入極地水域生物研究的開端，更是極為難得可以直接獲取極區生物標本的機會，使臺灣在海洋生物研究的完整性添加歷史性的註解。

海生館研究團隊到南極採集目標涵蓋極廣，包含：檢驗有機汙染物殘留的魚類、笠螺、海鳥及企鵝的羽毛、糞便、蛋殼及殘骸；研究天然物用的地衣、苔蘚、海膽、海綿；以及記錄生物多樣性的各種海洋生物，包含藻類、螺貝類、海星、海天使（Sea

2009-2012年海生館研究團隊到南極科研考察人員

2009年10月～2010年3月
長城站：林家興、許廷煒（正修科技大學）
中山站：郭富雯

2010年11月～2011年1月
長城站：林嘉瑋
2011年12月～2012年1月
長城站：何宣慶、張祐嘉

南極有將近三百五十種地衣

冰天雪地的冬天過後，夏天融雪時最先出現的植物：苔蘚。

Angel）以及諸多甲殼類。

在南極海洋生物的採集方式主要為步行，徒手或利用網具在冰面及潮間帶進行採樣。另外，在長城站可配合橡皮艇的海上作業，在艇上以小型拖網撈捕底棲生物以及使用浮游動物網捕撈表層生物，樣品採集範圍，原則上以位於喬治王島上的周邊潮間帶為主。由於極地的氣候變化快，也相當不穩定，因此能夠出海捕撈的作業次數相對較少。

由於路程遙遠且氣候環境特殊，南極大陸目前除了各國固定航次的極地研究運補機艦之外，並沒有開放給一般民眾的國際航線或定期船舶，多數科學家鮮少有機會能直接深入南極極區，獲取當地的生物標本或進行科學調查活動。因此，能夠在極區設立工作站並進行研究，常是一國國力的象徵性指標；而工作站的規模，與國力之延伸與國家海權的彰顯有著極強的正比關係。

基於研究的需求，研究員所在的研究站必須是夏天時積雪會融化、溫度在零度上下。如此一來，研究站才不會因為連年的積雪而被掩埋。在南極只有不到百分之二的地區具有這樣的條件，也成為各國必爭之地。

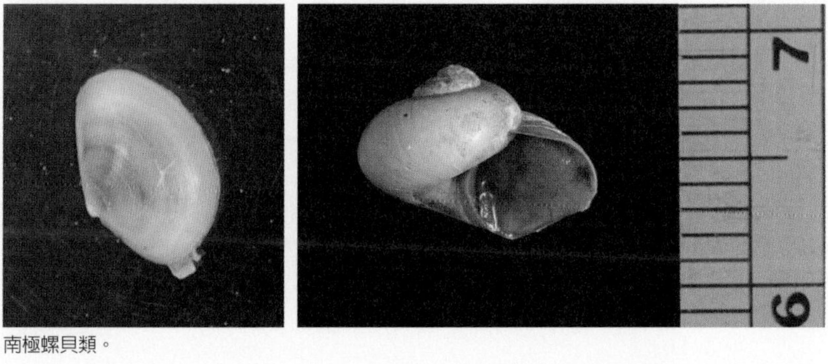

南極螺貝類。

在南極的研究站必須是夏天時積雪會融化、溫度在零度上下。有這樣條件的地區在南極占不到百分之二，是各國必爭之地。圖為長城站站景。

在南極能夠建設的時間只有短短幾個月，緊接而來就要面對氣候嚴苛的寒冬，所以研究站的建築物以及整體設計概念也與一般日常居住的建築完全不同。舉例來說，南極的建築有幾項特點：第一，建築物均架高，入口處位於二樓，防止冬天厚雪堵住出入口。第二，窗戶皆為兩層，有效阻隔風雪侵入，窗沿周圍再用橡皮防堵，防止窗戶上積雪融化後的水再次結凍，破壞窗戶。第三，室內水龍頭均設計為關不緊的狀態，亦即會不斷漏水，保持水不斷流動的狀態，防止水在水管中靜止凍結後，就完全堵塞無法處理。

二〇〇九年臺灣海生館初次到南極考察探勘，極地工作站周邊環境的空氣與海水都相當冰冷。在中國長城站工作期間，溫度大約都在攝氏零度至零下一度左右，年平均氣溫約零下三度，最暖的一月平均氣溫約二度，最冷的八月平均氣溫約為零下八度。當然也偶會碰到冰風暴零下幾十度的情形出現。

地處西南極的長城站年平均風速約每秒七・二公尺，相當於四至五級風，跟恆春的落山風（平均約七級風力）相比，算是小一些，全年風速超過每秒十公尺的大風天超過兩百天以上，這也是極地讓人覺得極冷的主要原因了；而位處東南極的中山站沿海一帶，風速更可高達每秒四十至五十公尺，相當於十三級風，整體氣候環境比西南極的長城站更形冷峻。亞熱帶氣溫吹的風跟南極吹的風，在溫度的感受上是完全不同的。此外，在南極戶外進行採樣途中，常常天氣驟

長城站往西海岸的路上，南極夏天的太陽讓山頭白雪逐漸融化，但氣溫仍相當低，大約維持在零度左右。

長城站西海岸整條海岸線上都是碎冰塊，
有許多小海冰漂在海面上隨著浪花起舞。

變，開始颳風下雪，冰蓋上吹來夾帶著低溫的寒風，讓人感覺像沒穿衣服走在雪地上，直打冷顫，這時只能趕快收工走回站上，以免發生保暖不足，導致失溫；而在臺灣，攝氏十度以下即稱為「寒流」，兩者實有天壤之別，因此，來自亞熱帶臺灣的研究考察人員到南極進行戶外採集，倍感辛苦。

南極環境雖惡劣，但幾次在工作站附近探勘，發現海洋生物出奇地多，可以看到數量相當多的各型藻類、笠螺（一般笠螺最大直徑約兩公分，而南極笠螺最大可達八公分，中國工作人員因此把南極笠螺稱為「南極鮑魚」，口感不錯，偶爾也會出現在餐桌上。）以及甲殼類動物。而在長城考察站周邊的企鵝島上，也棲息著成千上萬隻不同種類的企鵝，每年新出生的

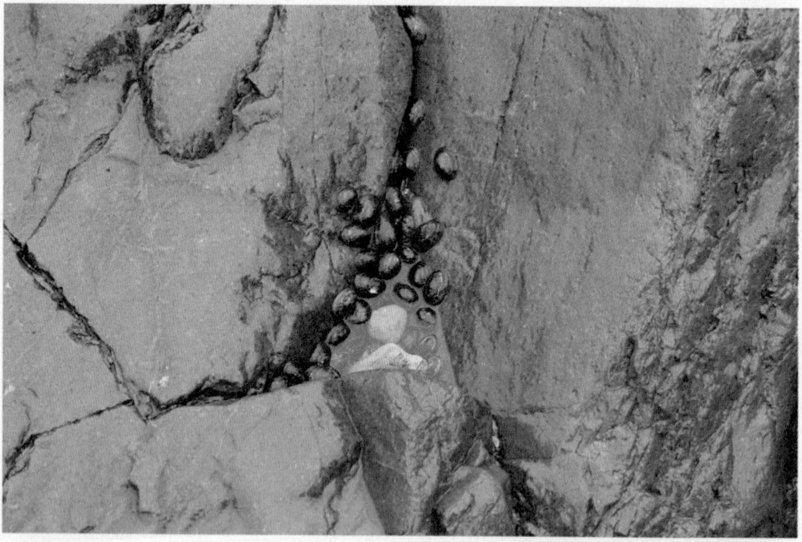

南極笠螺比一般笠螺大，又稱為「南極鮑魚」，口感不錯，偶爾也會出現在餐桌上。

在長城站附近的企鵝島上，企鵝在苔蘚地奔跑著。

企鵝更不下數萬隻！企鵝的糞便流入海中，成為成千上萬的浮游動植物的營養來源，這些浮游動植物經由魚蝦捕食，魚蝦再由海豹、企鵝等位於生物鏈更高階的生物獵食，形成一個龐大且複雜的生態系統。南極雖然看起來天寒地凍，但海洋中還是有很多的植物性浮游生物，進行大量的光合作用，生產許多基礎食物，才足以支撐這樣龐大、複雜的生態系統，這加深了我們在極區海洋生物研究上的好奇心與研究動力。

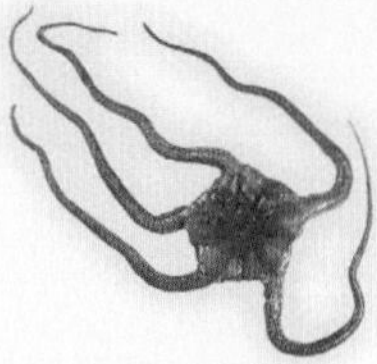

令人驚豔的水底世界

南極的海洋生物多樣性是我們最感興趣的課題，也是一切研究的基礎。

在長城站附近的潮間帶直接進行採樣，比較容易；而運用拖網、刺網以及籠具等進行生物樣品採捕，執行上較為困難，需較多人力配合，且極區每隔兩、三天就會下大風雪或是刮強風，大部分時間都不適合搭橡皮艇到野外採樣。

潮間帶採樣多在長城站附近的長城灣內、長城站南部較為開放的海域以及稱為「企鵝島」的阿德利島周邊進行。一開始先在長城灣內探索，也試著放籠具抓魚，不過不知是長城灣內的魚類不多，或是尚未找到正確的採捕方法，採集的樣品數量並不多。後來只要潮位夠低、時間上允許，我們一定會到潮間帶看看，找一些沒見過的或是可以做研究的生物。

在潮間帶採集最大的困難，就是要把手伸進水溫只有攝氏一度左右的海水裡進行樣品採集。圖為某種南極海葵。

這期間，南極考察人員會固定向海生館內的幾位同仁報告採樣的狀況，（感謝老天爺，工作站的衛星網路，雖不是高速網路，但能保持連絡，比雪龍號上好多了。）同時，規畫未來可以進行的研究項目。在南極往往充滿很多不確定因素（如氣候、交通、安全……，甚至是政治環境等等），而且每年到南極考察的人員專長各有不同，如果沒有隨時交換意見，很容易就錯過潛在的題材。

在南極長城站潮間帶採樣，採集人員運用了以往在國內的訓練專長，（真是懷念墾丁的碧海、藍天、沙灘、白雲……，南極這裡是全白，全是白雪！）上窮碧落，下黃泉，總是可以找到許多不一樣的生物，包括：海參、水母、某種類似管蟲的生物以及棲息在牠上面的軟體動物等，林林總總加起來多達三、四十個物種，每幾天總有令人驚豔的發現。

海天使是聖誕節的最佳禮物

舉例來說，二〇一一年十二月二十五日聖誕節（不用提醒，南極的場景每天都像在過聖誕節），何宣慶與張祐嘉選擇了最低潮位的時間外出採樣，這次採集的地點是長城站南方的油罐槽再往南海岸方向的潮間帶。越過了長城站上稱為「望龍岩」的石頭後，是一條綿長的海岸線，遠遠望去，盡頭是納爾遜冰蓋。我們背著單眼相機和數位攝影機，沿著海岸線的潮間帶進行搜尋。我們穿梭在鵝卵石之間，不斷翻動石塊，

長城站附近的南海岸及納爾遜冰蓋。

首先在一個頗大的潮池內，發現了一個紅色、拇指大小的物體。我們用大的樣品瓶將這個不知名生物裝進去，定睛一看後，發現我們找到了好東西了！瓶內的小生物就是俗稱的「海天使」。

海天使無疑是聖誕節最好的禮物。光看這種軟體生物的外觀，根本無法想像牠跟螺貝類一樣同屬於軟體動物門。這種生物只生存在南、北兩極，在日本又稱為「冰之精靈、流冰天使」，外殼幾乎退化，身體呈現透明狀，可以看到紅紅的內臟，有兩片翅膀似的小鰭可以幫助牠在海中游動，宛如天使降臨，美麗極了。（以前臺北某個民營海洋生物展示館，曾經把這種生物當作宣傳明星。）但牠可是不折不扣的肉食動物，在進食的時候會將頭部張開，捕抓獵物。

釣魚是長城站上相當熱門的活動，好幾個老饕都喜歡到戶外釣魚，幫大家加菜。這對我們來說其實相當有利，我們需要對所有魚類進行分析，當然身為「魚類分類學家」，我們也希望能從釣上來的魚類中發現以往未被發現的新種魚，站上的人也都知道，所以每次有人出去釣完魚，回來總會叫我們去看看有沒有特別的魚類。

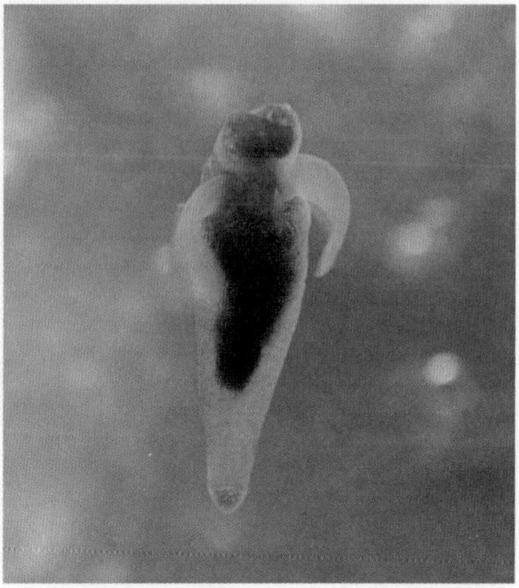
海天使又稱「冰之精靈」，在水中游動有如天使降臨，十分美麗。

從幾次魚獲來看，長城站周圍主要的魚種是牛首南極魚和羅氏南極魚兩種，比較特別的是這兩種魚的個體體色差異頗大，有些看起來花花綠綠的，有些卻是紅紅的，非常特別。

南極魚多頭大身小、血液是白色

極地的海洋生物長年處於低溫環境狀態，加上地球南、北兩極具有永晝與永夜的現象，造就出極區海洋生物有別於其他海域的獨特性。舉例來說，在南極採集的魚類多數呈現頭大身體小的形態。極區魚類演化成這樣，其實不難想像：在浮冰下的水溫常趨近攝氏零度，多數魚種的活動力有限，在棲息處偶爾眼前有食物經過時，便一口咬住，捕獲獵物之後再緩緩消化。

二〇〇九年的南極考察研究，幾次在釣起的魚嘴裡看見除了魚鈎上的餌料外，魚嘴裡都還含著一大塊先前盜取的餌食，推測這些極地大頭魚均對餌食來者不拒。極區

牛首南極魚棲息在礁石岩縫中。將釣鈎放在岩縫中，運氣好的話很快就有魚上鈎。

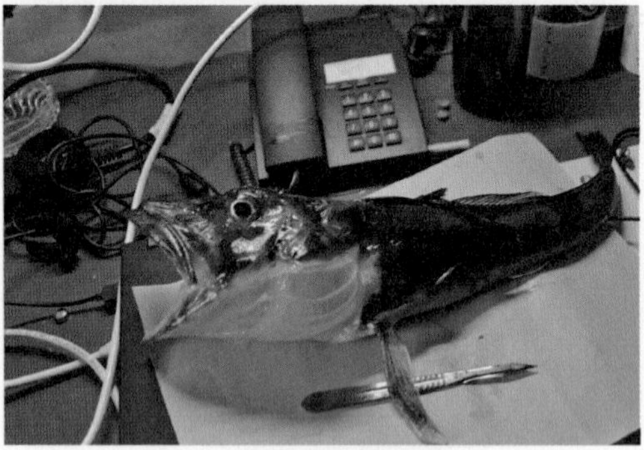

南極採集的魚類多數呈現頭大身體小、血液是白色。

水域餌食少，牠們不管是否飢餓，只要有食物自眼前經過，一定先咬住不放。能咬住多大的東西取決於魚嘴大小，當然頭形越大，魚嘴也越大，這很有可能是南極魚種普遍呈現頭大身小的演化要因之一。正因如此，在南極釣魚似乎毋需太多技巧，只要冰下有魚群馬上就會傳來魚訊。

南極魚的另一個特點，是在解剖切開肌肉組織時發現，某些特定魚種體內似乎沒有一般脊椎動物常見的紅色血液，取而代之的是一些白色體液。原來這些魚的血液中缺乏血紅素。一般血液呈現紅色，主要是含有大量血紅素的關係，血紅素的主要作用是攜帶氧氣供給細胞，而極區海水溫度低，水中溶解氧量較高，加上大頭魚等待食物到嘴邊才一口咬住，較不主動出擊去獵食，不像洄游魚類需大量的血紅素來輸送氧氣，以便進行長時間、長距離的游動，這些很可能都是造成魚體裡不需含有太多血紅素的要因。

長城站分布最多的牛首南極魚（右）和羅氏南極魚（左）。

投入南極海域生物保育

人類活動及氣候變遷都可能嚴重威脅南極海域的生態系統，並對該地區的物種生態造成衝擊。南極魚類物種和族群的持續減少，反映出南極的自然棲息地正在縮減或消失，也是對全球海洋危機發出的警告。因此，為了避免南極的海洋生物物種日漸消失，將南極海域物種及遺傳基因做永久性保存，有極其重要的意義。

海生館現已開始建立南極海洋生物的冷凍基因庫，經鑑定瀕臨滅絕的南極海洋生物可優先收集，並進行冷凍保存，而且開始投入南極現有生物物種基因及其組織細胞的相關研究。冷凍基因庫是將生物物種的基因或組織細胞保存於攝氏零下八十度或更低的溫度下，即可長期保存。冷凍保存組織所建立的活細胞株，也可以提供細胞和分子生物學上基因組和蛋白質體的相關研究。目前在數種魚類的冷凍保存研究中，魚類體細胞已能夠冷凍保存，並能從體細胞發展出多功能的幹細胞。

在二〇〇九年的南極探勘研究，我們已將採集的魚類體細胞及基因進行冷凍保存，其中包含生物樣品以酒精及抗生素消毒滅菌的前處理、冷凍保護劑的使用以及最後將樣品保存於攝氏零下四度的短期低溫保存。樣品運回臺灣後，再利用可程式低溫保存儀及玻璃化法，做更進一步的生物樣品永久冷凍保存。有鑑於保育南極海域生物的迫切性，以及長期生態研究對於特定南極區域或棲息地生態保育的重要性，海生館現已著手進行長期的生態資料收集及累積，增加對於南極生物物種及族群遺傳特性的了解，並建立南極魚類冷凍基因庫，作為種原保存及育種相關應用的參考。

小辭典

可程式低溫保存儀：可將南極樣品在電腦系統的控制下，以不同的速率進行程序化之降溫或升溫，並能有效的維持冷凍過程中設定的溫度。

玻璃化法：冷凍保存的一種方式。在冷凍保存的過程中，以急速降溫防止冰晶的產生，減少樣品在保存過程中的冷凍傷害。

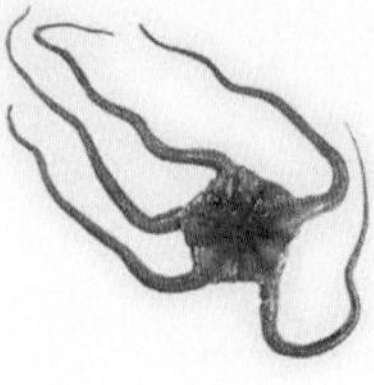

超耐寒的海洋生物

二〇〇九至二〇一二年間，在南極中山站及長城站採集而得的樣品數目，共包含甲殼類二百四十隻、軟體類一百六十六隻、魚類九十九隻、棘皮類一百三十五隻、腔腸類兩隻、環節類三隻和藻類三種、多孔動物一種，共計六百四十九個樣本（詳見表一），目前均已收藏在海生館的標本典藏室。海生館是目前國內極區海洋生物蒐集數量與種類最完整的單位，其中部分樣本數較多的海洋生物，除留作典藏研究之外，部分樣品已轉送至海洋天然物化學及海洋環境化學等相關研究室作進一步的研究與分析。

南極生物超厲害的抗寒機制

在生物多樣性組成方面，因為南極只在夏天會繁生大量的浮游植物，造就食物金字塔中下層基礎的生產力，其他時間則窮冬閉藏，因此缺少了次級消費者，反而多了

表一　2009～2012年海生館在南極中山站及長城站所取獲的生物樣品

年分	類別	中文名	英文名	科名／學名	數量
2010	甲殼	巨型等足蟲	Giant Antarctic isopod	*Glyptonotus antarcticus*	2
2011	甲殼	南極巨水蝨	Giant Antarctic isopod	*Glyptonotus sp.*	3
2011	甲殼	南極蝦	Antarctic krill	*Euphausia superba*	15
2011	甲殼	等足類		*Ceratoserolis sp.*	2
2010	甲殼	端足類	Ysianassoid amphipod	*Abyssorchomene*	100
2012	甲殼	端足類	Amphipod	*Lysionassoidae*	18
2011	甲殼	端足類	Amphipod	*Lysionassoidae*	20
2010	甲殼	端足類美鈎蝦	Amphipod	*Eusirus*	5
2012	甲殼	端腳類	Amphipod	*Eusirus*	1
2011	甲殼	端足類麥桿蟲	Amphipod	*Megaluropiolae*	2
2010	甲殼	端腳類	Amphipod		40
2010	甲殼	端腳類	Amphipod		1
2011	甲殼	端腳類	Eusiroidae	*Pontogeneia sp.*	31
2010	軟體	玉螺科		*Amauropsis*	50
2010	軟體	開腹蛤科		*Gastrochaenidae*	1
2011	軟體	開腹蛤科	Antarctic soft-shelled clam	*Laternula elliptica*	1
2012	軟體	開腹蛤科	Antarctic soft-shelled clam	*Laternula elliptica*	2
2011	軟體	長葡萄螺科		*Haminoeidae*	10
2011	軟體	笠螺科	Antarctic limpet	*Nacella concinna*	30
2012	軟體	笠螺科	Antarctic limpet	*Nacella concinna*	7
2010	軟體	笠螺科		*Patellidae*	2
2010	軟體	蛇螺科		*Vermetidae*	1
2011	軟體	南極蛤	Antarctic yoldia	*Yoldia eightsi*	50
2010	軟體	南極蛤	Antarctic yoldia	*Yoldia sp.*	10
2012	軟體	章魚	Antartica octopus		1
2012	軟體	石鱉	Tonicella		1
2010	魚類	肩孔南極魚		*Trematomus hansoni*	2
2011	魚類	肩孔南極魚		*Trematomus hansoni*	2
2011	魚類	南極冰魚	Antarctic ice fish	*Channichthyidae*	1
2010	魚類	南極魚		*Notothenioidei*	1
2010	魚類	南極魚科		*Nototheniidae sp.*	32
2010	魚類	南極魚科		*Nototheniidae sp.*	19
2011	魚類	南極魚科		*Nototheniidae*	3
2012	魚類	革首南極魚	Antarctic fish	*Notothenia coriiceps*	10
2012	魚類	花紋南極魚	Antarctic fish	*Notothenia rossii*	15
2010	魚類	裸南極魚		*Harpagifer georgianus*	5
2011	魚類	裸南極魚		*Harpagifer georgianus*	5
2010	魚類	裸龍騰	Dragonfish		4
2011	棘皮	肥腸海星	Sea star	*Odontaster validus*	3
2012	棘皮	肥腸海星	Sea star	*Odontaster validus*	1
2010	棘皮	海舌頭		*Flabelligerid polychaete*	1
2010	棘皮	海星	Sea star	*Odontaster validus*	5
2010	棘皮	海星	Sea star		3
2011	棘皮	海星	Sea star		1
2012	棘皮	海星	Sea star		1
2010	棘皮	海參	Sea cucumber		1
2011	棘皮	海參	Sea cucumber		1
2010	棘皮	海膽	Sea urchin		90
2010	棘皮	海膽		Sterechinus	10
2011	棘皮	海膽		Sterechinus	1
2010	棘皮	棘海星科		Echinasteridae	5
2010	棘皮	陽燧足	Brittle star		9
2010	棘皮	陽燧足	Brittle star		3
2010	環節	多毛類		Polynoid polychaete	1
2010	環節	多毛類		Polynoid polychaete	1
2011	環節	多毛類		Polynoid polychaete	1
2010	藻類	褐藻	Algae		1
2010	藻類	藻類	Algae		1
2012	藻類	藻類	Algae		1
2010	腔腸	火體蟲		Pyrosoma	2
2012	多孔動物	海綿	Spong		1
					649

寄生或共生的物種形成穩定的生存關係，以度過寒冬，這些物種與寄主是否有共演化的關係，是值得深入研究的主題。

在南極，多數的生物都必須擁有特殊的保護機制，才可以度過寒冷的氣候，其中最廣為人知的就是魚類體內的抗凍蛋白，這些抗凍蛋白可以降低血液的凝固點，使血液不會在低溫下凝固。

某些微小的生物，例如輪蟲可以休眠長達四個月，不吃不喝；海洋微細藻類則會凍結在冰中，藉由含有高鹽分的「鹵道」生存，亦即當海洋微細藻於凍結的冰中，因滲透壓及溶質效應的關係，海洋微細藻會發生脫水的現象，只留下高濃度的鹽類，有助於減少微細藻內冰晶的產生，因而具有抗寒抗凍的效果。

此外，南極的鳥類也有特殊的適應方式。海鷗的腳通常維持在零度左右的低溫，但身體溫度卻可以高達三十二度，這樣的機制是為了減少腳掌與冰層的溫差，減少熱量的流失。

而為了適應南極特殊氣候也出現許多寄生型生物，例如一些小型甲殼類以及蠕蟲、線蟲等，多半寄生在其他動物身上，獲取其養分。這樣的例子不在少數，例如南極魚類不管體內、體外，通常都有大量的寄生蟲，而單一個海綿族群上面就有成千上百的橈足類寄生。

為了適應南極特殊氣候，出現許多寄生型生物，例如小型甲殼類生物多寄生在其他動物身上。1.南極磷蝦，2.麥桿蟲，3.兩隻正在交配的等足類生物，4.南極巨水虱與寄生身上的白色管蟲，5.端足類生物，6.端足類美鉤蝦，7.南極魚與寄生在身上的一條條橘色吸血蟲。

海綿：具有發展為海洋天然藥物的潛力

生長在如此特殊環境中的海洋生物，生長、代謝過程和一般常溫下的生物有所差異，因此有極大機會產生並積累大量具有特殊化學結構，及特定生理活性和功能的天然活性分子。這些活性分子的特殊化學構造，就是海洋藥物研究與開發的基礎，而對於極端環境生物的研究更具有相當的助力。

例如海綿已證實是最具發展為海洋天然藥物的海洋生物物種之一，因此在二〇一一至二〇一二年的採樣，海綿是海生館主要採樣目標物種之一。我們特別留意是否在潮間帶就可以採集足夠進行實驗的海綿數量。（畢竟來南極不是容易的事，且活體生物非經允許不准帶出南極，就算帶回去也難以養活。）

海綿屬於多孔動物門，在海水中無法移動，就外觀來看，也不像有堅硬骨骼可用於防禦的石珊瑚，或是具有刺絲胞的海葵具有攻擊性，因此在海洋中，牠本應該是獵食者喜愛的食物；但事實卻是幾乎沒有海洋生物會攻擊海綿或以海綿為食。

研究顯示，在演化上，海綿利用在體內共生的微生物、藻類，或是本身產生的特殊天然化合物，作為化學防禦機制（主動或被動都有可能）。這些海洋天然物往往具有相當特殊的生物活性，可以對抗癌細胞、抑制發炎反應、抗菌、抗瘧疾原蟲、抗病毒、免疫調節，甚至可抑制病蟲害，在醫療或農業上具有極大的潛在發展價值。

在潮間帶岩縫的海綿。

現已有自海綿中分離出的化學成分成功發展為抗癌藥物的實例，最廣為人知的就屬Cytarabine（Ara-C）和Vidarabine（Ara-A），前者是抗癌藥物，後者為抗病毒藥物，兩個都是來自於加勒比海海綿（Cryptotethia crypta）所分離出的核甘酸類化合物衍生出的化合物，迄今已使用超過四十年。二〇一〇年十一月，美國食品藥物管理局（FDA）又通過一個來自於日本太平洋沿岸的大田軟海綿（**Halichondria Okadai**）所分離出的halichondrin類化合物的衍生物E7389（eribulin），用來治療對於紫杉醇類化合物無效的末期乳癌病患，所以對於從事海洋天然物研究的我們而言，南極的海綿是個極為有趣的題材。

有一天，我們在長城灣一處礁石區的

縫隙發現一個海綿群落，鮮黃色的海綿映入眼簾，令我們相當振奮。漲潮時，這個礁石區塊整個被淹沒，且有相當多的礁石縫隙，我們進行地毯式搜索後，果然陸續在附近的尖石縫中發現了數種顏色或形態各異的海綿（賓果！中大獎了）。無奈開始漲潮了，為確保安全，我們決定先回長城站從長計議。隔天按著站上的潮汐表算好時間，在開始退潮時，便動身去採樣。

我們依據之前的經驗，在工具間找到相當方便的採樣工具，像是槌子、刮刀、長夾，但所有的器具都不如雙手靈巧方便，尤其當樣品是在幾噸冷凍石頭夾縫之間，因此我們還是得利用萬能的雙手，伸進攝氏約一度左右的海水裡（冷啊！）。剛開始約十到二十秒還有相當敏感的觸覺，能夠感受海綿粗糙的表面跟岩石濕滑的不同，挖了一、兩塊海綿後，手漸漸失去知覺，再伸進去水裡，已經感覺不到觸摸的東西表面有什麼差異了。於是，我們不斷的輪流採樣，最後兩人的手都凍到刺痛不已，臉色發白，褲子也進水了，但看到順利採集的樣本，仍覺得不虛此行。

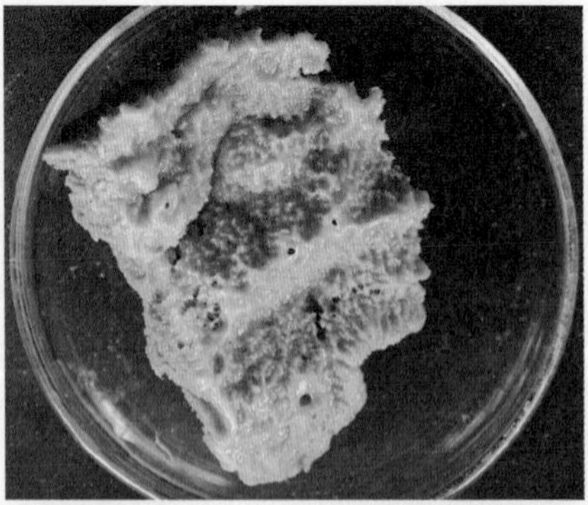
海綿是海生館在南極採樣的主要目標物種之一。
圖為從長城站附近海邊採回的海綿，攝於實驗室。

南極生物萃取物可抗癌、抗發炎

南極的海洋生物與熱帶及亞熱帶的生物有相當大的差異。對於極區生物所含化學成分的研究，過去受限於樣品採樣上的限制與後續生物樣品的供應，一直相當缺乏。只有少數的探勘是針對南極的海洋生物物種進行分類研究。

我們自南極海域帶回來的樣品，經初步檢測分析發現：在體外的細胞試驗，將極地海膽及橘紅蜈蚣櫛蛇尾（陽燧足）的有機粗萃取物，加入發炎的細胞或是腫瘤細胞中，這兩種生物的萃取物具有抗發炎及抗癌的生物活性，表示這兩種萃取物可能具有能夠抑制發炎及殺死癌細胞的化合物存在，如能分離純化出化合物，分析出其化學結

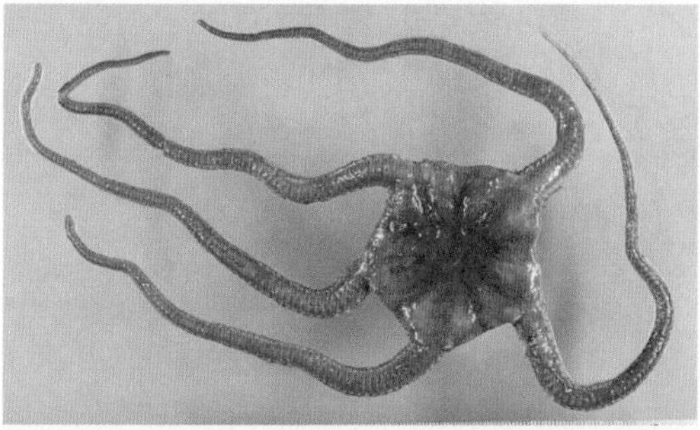

陽燧足（上）和海膽（下）的萃取物具有抗發炎和抗癌的化合物。

構，就能成為未來的候選新藥之一。

物種的多樣性與化學的多樣性經證實是息息相關的。二〇〇五年起，國際間對極地的海洋生物多樣性調查有相當大的進步；二〇〇七至二〇〇八年間的國際極地年（International Polar Year）調查顯示，發現超過六千種海洋生物，涵蓋魚類以及各式各樣的無脊椎動物，多數為南極或南大洋特有物種，前面文章所提及的海天使就是南北極的特有物種之一。世人對於這些生物的基礎生物學與生態習性所知甚微，更遑論進一步研究其化學成分。未來在國內各研究團隊的合作之下，我們預期可以自極區海洋生物的體內獲取相當的潛在化學資源，在上、中、下游的研究，利用海生館已成熟的海洋生物科技與養殖技術加以串聯。

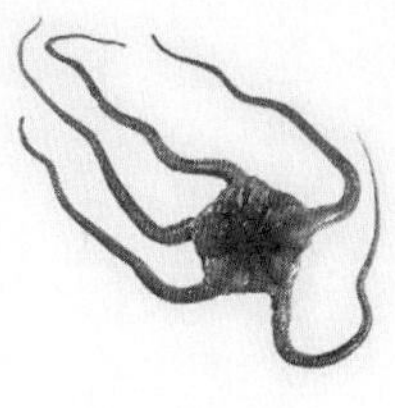

「地球最後淨土」蒙塵

近三年每年到企鵝島採樣，對研究員來說，是整個南極考察相當特別的經驗。長城站附近的企鵝島是智利所屬的特定保護區，需要申請特別通行證才可以進入。而且，企鵝島跟長城站只有一個窄窄的砂壩相連，必須在潮位低於海面四十公分才會顯露出來，所以一個月內能上島的天數有限，能夠進行採樣的時間也不長。

去企鵝島的路上，可以遇到很多企鵝跟海豹在海灘上停留。牠們不太怕人，即使離企鵝只有幾公尺遠，牠們依然我行我素，直到更靠近了，牠們才往旁邊移動幾步；海豹就更懶散了，只要一躺下來曬太陽，就怎樣也不想離開。說起來，我們才是真正的外來者，打擾了牠們在日光下的美夢。

一進入企鵝島，繞過海岸，就立刻可以「感受」企鵝們濃厚的腥臭味，遠比下雜魚堆（非刻意捕獲、非捕獲目標的水生動物）還來得腥臭許多。真正進入企鵝區，到處都是大大小小的企鵝。我們在十二月中旬上企鵝島，這時的小企鵝還很小，都躲在巢裡，有些企鵝還在孵蛋。隔年一月中旬，我們要離開南極時，再去查看，一隻隻趴在地上曬太陽的小企鵝，已有成年企鵝的三分之二大小了，真是「一暝大一寸」。小企鵝正在換毛，看起來灰灰醜醜的，而且因為幼鳥時期的毛無法防水，常常沾上濕滑的糞土，此時就見到灰頭土臉的小企鵝追著成年企鵝要食物的有趣景象。

海豹一躺下來曬太陽，就不太想動。圖為象海豹與雪龍號的合影。

豹海豹睡「翻」了！在睡夢中，舉起尾巴。

攜帶企鵝或是海鳥的樣品回來進行分析並不容易，主要是企鵝屬於保育動物。我們當然不能假研究之名進行捕抓，而且這裡的海鳥體形較大，也頗具攻擊性，我們前往西海岸的路程就曾經遭受攻擊。為了採集計畫內要使用的樣品，我們只好在海鳥及企鵝停留的地方找尋殘骸，帶回臺灣分析。

正在孵蛋的巴布亞企鵝。

巴布亞企鵝親子合影，其中小企鵝正值換毛期。

小企鵝肚子餓時，會用牠的小喙敲擊公企鵝的喙，等到公企鵝嘴巴張開後，再伸進去取得食物。

南極企鵝體內竟含高量戴奧辛

從南極考察帶回企鵝屍體（二〇〇八年及二〇〇九年南極考察帶回的樣品），進行企鵝體內所含持久性有機汙染物之檢測，發現所含戴奧辛（PCDD/Fs）、多氯聯苯（PCBs）及多溴聯苯醚（PBDEs）等汙染物含量（如表一所示），若與一般家禽肉品所含戴奧辛含量相較，明顯高出許多，大約是雞肉的二十倍，豬肉的五百四十五倍（註），這結果真是大出意料，更可見南極大陸雖極少有人類活動，但全球工業產生的各種持久性有機汙染物，仍會經由大氣循環的輸送或洋流循環等途徑到達南極。低溫使這些汙染物不易分解破壞，再加上食物鏈的生物累積作用，使得「地球最後淨土」都受到汙染，而位於食物鏈頂層的生物（如企鵝、鯨魚），健康受到嚴重的威脅。

表一　南極企鵝組織中戴奧辛（PCDD/Fs）、多氯聯苯（PCBs）及多溴聯苯醚（PBDEs）之濃度

分析種類	阿德利企鵝	帝企鵝
	肌肉組織	油脂層
PCDD/Fs pg WHO-TEQ/g lipid	39.4	4.12
PCBs pg WHO-TEQ/g lipid	235.6	49.1
PBDEs pg /g lipid	1.42	0.366

註：南極阿德利企鵝肌肉組織戴奧辛含量為39.4；該年度同期實驗室分析的國產雞肉與豬肉測值為1.97與0.0723。

衛生署所訂食品戴奧辛值：豬肉1pg WHO-TEQ/g lipid；家禽2pg WHO-TEQ/g lipid。

阿德利企鵝。

巴布亞企鵝。

帽帶企鵝。

關於戴奧辛

戴奧辛是《斯德哥爾摩公約》中認定的持久性有機汙染物之一，是一個或兩個氧原子聯結一對苯環類化合物的統稱，包括七十五種多氯二聯苯戴奧辛（簡稱PCDDs）及一百三十五種多氯二聯苯呋喃（簡稱PCDFs）。

戴奧辛主要來自人類焚化廢棄物、發電或製造能源、其他高溫排放源、金屬冶煉與化學製造等。

a. 燃燒源：大部分燃燒源都會產生戴奧辛，包含廢棄物焚化（如都市垃圾、下水道汙泥、醫療廢棄物與有害廢棄物）、燃料的燃燒（煤、木柴與石油產品）、其他高溫排放源（水泥窯）與未受控制的燃燒源（森林火災、住宅火災與農廢露天燃燒）。美國人習慣於在家後院露天燃燒廢棄物，露天燃燒因而成為美國最大之戴奧辛排放源。

b. 金屬冶煉、精煉與製程：一次與二次金屬冶煉（如鋼鐵製造業的燒結爐及電弧爐與廢金屬二次精煉）製程中都會生成戴奧辛。

c. 化學製造：在如氯漂白之木漿、氯酚與除草劑生產過程中，戴奧辛有時會以副產物的形式生成。

戴奧辛為已知毒性最強化合物之一，其中又以稱為「世紀之毒」的2,3,7,8-TCDD毒性最強，國際癌症研究局已將戴奧辛歸類為第一類的「已知人類致癌物」，和軟組織腫瘤、惡性淋巴腫瘤的發生很有關係，並容易產生肝毒、皮膚毒性，也會導致孕婦流產或畸胎。

由於戴奧辛是非常穩定的化合物，具親脂性，極難溶於水，且具持久性，進入生物體後即積存於脂肪中，所以在食物鏈中會有生物累積及生物擴大的效應。戴奧辛一旦進入環境中，即會廣泛散布於空氣、土壤、水、食物等介質中，尤其以食物中的肉、魚、奶、蛋類食品最常發現。因此，一般人於日常生活中就很容易不知不覺接觸戴奧辛，稱為「背景暴露」。研究發現超過百分之九十的背景暴露來自飲食。

戴奧辛已進入南極環境中

南極大陸位於地球最南端，百分之九十八的地表終年為冰層所覆蓋（平均冰層厚度兩公里，最深達四公里），氣候嚴寒，在歷史上幾乎不曾受到人類活動干擾，被視為「地球最後的淨土」。但二十世紀以來，南半球的經濟及工業活動成長迅速，產生的汙染物質（如有機氯農藥）可能經不同途徑傳至南極地區。此外，其他的持久性有機汙染物藉由全球性的揮發／沉降循環，從較低緯度的地區散布到南極地區。

從整體來看，南極地區環境及生物體中測得的汙染物比南半球其他地區來得低。都市地區、高度農業地區及以噴灑殺蟲劑控制病媒昆蟲的地區，最容易產生持久性汙染物，這些汙染物進入南極地區的主要途徑是大氣傳輸。此外，遷徙性的羽族及哺乳動物，也可能是影響南極局部區域持久性汙染物分布的重要原因。南極大陸的內陸地區因地表冰層厚，溫度低，造成持續向下及向外的氣流。這股氣流溫度低且密度高，持續吹向海岸地區，這樣的氣壓變化會引起中緯度地區的空氣向南極移動，將水氣、其他氣體及懸浮物質帶至南極。

整體而言，這些持久性有機汙染物在大氣中的濃度是隨著緯度升高而降低的，在南極地區的濃度最低，初步調查顯示，南極半島及周遭島嶼大氣中持久性有機汙染物的濃度比內陸區高。

以二〇〇八年及二〇〇九年南極考察帶回的土壤、糞土、地衣等樣品進行含持久性有機汙染物的檢測，其中土壤、糞土、地衣中含戴奧辛（PCDD/Fs）、溴化戴奧辛／蒎喃（PBDD/Fs）、多氯聯苯（PCBs）、多溴聯苯（PBBs）及多溴聯苯醚（PBDEs）含量（如表二所示），與國內外研究相較，南極土壤中持久性有機汙染物約與背景地區（一般未受汙染地區）及鄉村地區土壤相近。至於糞土則因混有動物的排泄物，故持久性有機汙染物含量較南極土壤為高。

表二　土壤、糞土、地衣所含持久性有機汙染物檢測結果

有機汙染物包括：戴奧辛（PCDD/Fs）、溴化戴奧辛／蒎喃（PBDD/Fs）、多氯聯苯（PCBs）、多溴聯苯（PBBs）及多溴聯苯醚（PBDEs）

樣品	PCDD/Fs (pg I-TEQ/g)	PBDD/Fs (pg I-TEQ/g)	PCBs (pg/g)	PBBs (pg/g)	PBDEs (pg/g)
土壤	0.265	1.44	5.80	1.44	145
糞土	0.580	1.19	43.70	1.31	363
地衣	**0.073**	**12.90**	**14.50**	**0.32**	**19200**

後記 人類南極探險回顧

大陸資深極地科學家　王自磐

人類南極探險至今已逾兩百年。先期出自人類天性的求知欲與好奇心，至後因貪得無厭的占有欲而明爭暗奪，如今重回良知和理性時代，歷史忠實而不無遺憾地刻畫出了人類文明進程中一段特殊的軌跡。

古希臘地理學家托勒密（Claudius Ptolemaeus）於西元二世紀就曾預言，在世界的南方有一未知大陸，那是一塊遠在天邊的富饒之地，卻被火燒地帶（今之赤道熱帶）與世界隔絕。此一說法，曾阻礙人類的南方探險達千年之久。至十五世紀，有葡萄牙人達・伽馬（Vasco da Gama）繞過好望角到達印度洋。達・伽馬的航行證實了非洲是已知世界的延伸，也證明了托勒密關於火燒地帶說法的荒謬，因為過了熱帶世界另有不同的天地。隨後，西班牙的麥哲倫穿越大西洋向南航行，到達了南美的最南端。麥哲倫死於和土著人的爭鬥，而他的繼承者駕駛「維多利亞號」船完成了第一次環球航行，由此證實地球是圓的。麥哲倫的航行增強了人們關於南方陸地存在的信念。

穿越南極圈

一七七二年十一月，海軍上尉詹姆士．庫克（James Cook）受英國海軍部之命，率「決心號」和「冒險號」兩艘三桅帆船，開始尋找南方大陸的航程。一七七三年一月十七日船隊首次穿越南極圈，在前後三年零十七天的漫長時間，三次向南極冰海深處冒險挺進。一七七四年一月船隊第二次進入南極圈，曾深入冰山群到達南緯七十度十分的位置，相距南極大陸僅咫尺之遙。然而，他沒有繼續前進，並十分自信地斷言：南極是荒涼無比的不毛之地，世界不會因此而受益。偉大的航海家庫克終於與人類歷史上最偉大的發現失之交臂。

此後很久，經過幾代人前仆後繼的努力，才逐漸揭開南極神祕的面紗。俄羅斯海軍軍官別林斯高晉，從命運之神手中接過「發現南極」的使命。一八一九年他率領「東方號」和「和平號」兩船，踏上南下的征途。船隊冒著生命的危險，穿越冰山，也曾三進南極圈，並在一八二一年一月完成環南極航行，發現了緊貼南極半島的亞歷山大島。差不多同一時期，英國的船長史密斯（William Smith）以及海軍軍官布蘭斯菲爾德（Edward Bransfield），先後率領船隻，在南極半島一帶發現了一些島嶼。

冰原起風雲

一八二〇年一月三十日布蘭斯菲爾德第一次登陸南極喬治王島，隨即宣布了英國對該島的所有權。同年，美國「英雄號」船長帕爾默，率領海豹捕獵船隊在南設德蘭群島（South Shetland Islands）一帶大肆捕殺海豹。十一月下旬觀察到遠處南極半島大陸的帕爾默半島。一八三八年，威爾克斯曾率領美國海軍船隊幾度航向東南極，並於一八四〇年一月三十日發現並登上了南極大陸。後人把東南極大陸的部分地區命名為「威爾克斯地」（Wilkes Land）。一八四〇年元旦過後，法國海軍軍官迪蒙．迪維爾（Dumont d'Urville）受命率法國當時最新巡航艦「天文實驗室號」和「蔡利號」，從澳大利亞塔斯馬尼亞島沿東經一百三十九度向南航行，並到達南極阿德利地（現今法屬領地）。挪威人一八九五年起，活動於南極羅斯海西岸維多利亞地一帶。一八九九年二月鮑爾克格里維克（Egeberg Borchgrevink）率隊在阿代爾角（Cape Adare）登陸，實現了人類南極探險史上首次南極越冬。這年十月，越冬隊員漢森（Nicholai Hansan）不幸因病去世，於是，越冬營地舉行了人類歷史上第一個隆重的南極葬禮。

英國、俄羅斯和美國，一直在為是誰最先發現南極大陸而激烈爭論，迄今沒有結果。南極探險的航帆是人類認識南極的起點，眾多著名的航海家和探險家的功績銘刻於南極史冊。儘管有不少自然科學家加盟早期的南極探險，發現和記錄了許多人類先前從未見過的動植物種類，也帶回了大量珍貴的地質樣品，但探險活動仍不免帶有強烈的「殖民」色彩。各國考察隊一邊探險，一邊為帝國擴張尋找海外領土。

進軍南極點

壯志未酬身先去，犧牲更當隨風飄。史考特（Robert Falcon Scott）率領的英國隊和阿蒙森（Roald Engelbregt Gravning Amundsen）率領的挪威隊之間，展開進軍南極點的競賽，是南極探險史上最悲壯的一頁。一九一一年一月，英國史考特與挪威阿蒙森同期在南極登陸。英國營地設在羅斯冰架（Ross ice shelf）西端的麥克默多海峽，而挪威營地設在羅斯冰架東端的鯨灣。一九一一年十月初，阿蒙森隊一行五人首先出發，一個半月之後到達極地高原的冰川腳下。而史考特隊一行六人的出發時間在十一月初，比挪威人整整遲了一個月。因而，當史考特隊在十二月九日到冰川高原腳下之時，挪威人不僅翻過了冰川的頂峰，而且相距南極點僅一步之遙。阿蒙森和他的同伴們在十二月十四日順利到達極點，隨後迅速返回，並於一九一二年一月二十五日回到鯨灣營地。此時此刻，史考特隊還在攀爬冰川。英國人歷盡艱辛，終於在一九一二年一月十八日也到達南極點。然而，當看到挪威國旗早已飄揚在極點上空時，失敗的沮喪摧毀了他們的精神支柱。在返回途中，連日的暴風雪阻擋了他們的前進，隊員們灰心喪氣，先後病餓而死。十天之後，史考特也被暴風雪所困，在饑寒交迫中，給後人留下最後的日記。十個月之後，在麥克默多大本營越冬的隊員們，終於在距離補給營地僅六公里的地方，搜尋到這位永遠沉睡的偉大南極探險英雄，以及他以生命為代價隨身所帶的十幾公斤地質樣本。

領土引紛爭

一九〇八年，老牌殖民帝國英國最先將南極領土正式申報皇家專利，並以此為據率先向世人宣布英國的南極領土主權，其範圍為西經二十至八十度之間，南緯五十度以南直至南極點的廣闊扇形海域和南極半島地區及其島嶼。此外，英國還忙著為英聯邦成員國圈地。一九二三年替紐西蘭宣布南極羅斯屬地為其南極領土，一九三三年英國又向澳大利亞移交從東經四十五至一百六十度的廣闊南極領土。美國同樣對南極領土懷有極大的興趣，並依仗先進的航空技術，在羅斯冰架西側的大片地區空投星條旗，大肆進行航空圈地運動。

二戰之後，世界能源枯竭，更促使國際社會將目光轉向南極，各國出自政治或經濟利益需要，千里迢迢，蜂擁南極，並掀起南極建站熱潮，人類南極史進入群雄紛爭時代。至二十世紀中期，挪威、法國、澳大利亞、紐西蘭相繼宣布了各自在南極的扇形領土範圍。而美國和蘇俄兩霸逐鹿冰原，勢力擴展至全南極。一九五七年美國在南極點建成阿蒙森—史考特站，極點站涵蓋三百六十度的地理概念，使美國在將來南極領土爭端升級時處於有利地位。蘇俄則採取下圍棋的戰術，在南極大陸沿海周圍先後建立起近二十個考察站。一時間，孤獨的南極一度成為世界上國際關係最複雜、糾紛最多、最激烈的大陸。

日本是最早進行南極考察的亞洲國家，一九〇八年白賴中尉曾率隊在羅斯海東岸登陸並進行了探險活動。由於日本為二戰戰敗國，一九五一年《舊金山和約》規定「關於南極洲的任何部分，日本放棄一切要求權利與資格。」德國同樣因為是兩次世界大戰的戰敗國，而從未正式公開表示對南極領土的意圖。儘管如此，德國和日本仍積極向南極派出考察隊，依靠其經濟實力和先進技術，分別在環境條件比較差的吉爾巴特冰架（Jelbart ice shelf）和恩德比地（Enderby Land）西部海岸建立各自的考察基地。

在南極半島地區，英國、智利和阿根廷三國因領土範圍相互重疊，又各不相讓，紛爭不止，甚至不惜大打出手。一九四七年至一九五四年，英國先後提請國際法院對頒布的南極洲三個區域進行裁決，卻遭到智利和阿根廷的堅決反對。福克蘭群島在地理上是南極半島扇形區的向北延伸，直接關係到鄰近海域的自然資源歸屬和南極領土主權。英、阿兩國由於南極領土糾紛與歷史遺留問題的交織，如火上加油，終於引發了一九八二年震驚世界的福克蘭海空大戰。

最後大探險

阿蒙森和史考特進軍南極點的壯舉已經載入史冊。然而，阿蒙森榮歸故里，史考特卻葬身冰原，英國人對此一直耿耿於懷，並開始醞釀一次重大行動，重展大英帝國的雄風。

終於，在一九五七／一九五八年第三次國際極地年之際，英國率領紐西蘭、澳大利亞和南非等大英國協成員國家，成功地實現了人類歷史上首次橫穿南極大陸行動。橫穿路線從威德爾海東南海岸英國沙克爾頓基地出發，經南極點後到達羅斯海岸的紐西蘭史考特基地，全長三千四百九十公里。

人類的腳步尚未能從西到東沿最長的路線徹底征服南極大陸。一九八九年七月二十六日一支由美、蘇、中、法、英、日六個國家六名人員組成的國際橫穿南極考察隊，依靠滑雪和狗拉雪橇行進在冰原上，同酷寒、死亡搏鬥，克服了巨大的冰裂隙和暴風雪等難以想像的困難，成功的完成了橫穿的壯舉，還進行氣象觀測、地震探測以及冰川學和地理學等多學科研究。一九八九年十二月十二日到達南極極點。一九九〇年三月三日到達終點和平站。全程行程五千九百八十公里，這就是轟動世界的一九九〇南極最後大探險。探險活動由中國隊員秦大河負責冰川學觀測和採樣，法國和美國為樣品的分析研究提供冰雪實驗條件。

和平與合作

為了全人類的共同利益，避免南極國際糾紛加劇，一九五九年十二月一日，各南極國家聚會美國華盛頓，簽署了《南極條約》。一九六一年條約正式生效，其基本精神是凍結南極領土爭端，確保南極用於和平與科學。至一九九一年《南極條約》三十年有效期滿，各國進一步達成共識，在肯定和繼承《南極條約》基本精神的基礎上，並以人類長遠利益為考慮，形成一項新的更為完善的國際法，即《關於環境保護的南極條約議定書》。之後，南極作為全人類共有的科學聖地，真正成為世界上唯一永久由國際共同管理和嚴格保護的地區。歷史見證了人類為維護和平，發揚《南極條約》精神所作的共同努力。

鑒於歷史原因，中國南極事業起步較晚。一九八〇年代期間，中國先後派員參加澳大利亞、智利、日本、美國等國的南極科學考察。一九八三年中國加入《南極條約》。一九八四年十月，中國獨立組隊進行了首次南極考察，並於翌年二月建立中國南極長城站。是年十月，中國被接納為「《南極條約》協商國」成員。一九八九年二月，中國建成第二個南極科學基地中山站，二〇〇九年一月，又在南極大陸冰蓋的最高處新建成崑崙站，標誌著國家綜合實力和科技能力的全面增強。二〇〇九年正式開啟海峽兩岸極地科學考察研究合作。臺灣海生館優秀科學家隨雪龍號破冰船親赴南極實地考察和採集研究樣品，並與東華大學、正修科技大學聯手進行科學分析研究。這將積極推進南極考察和科學研究水準的提升，為人類和平利用南極共同作出應有的貢獻。

結語

前國立海洋生物博物館館長　方力行

一縷從一九七七年留在舌尖的南極蝦滋味，在三十二年後促成了海峽兩岸「六十年來第一船」的破冰訪問，三十三年後點燃臺灣科研整合探索南極的第一把薪火，而它的初步成果，就令人眼界大開：

誰能想到遠在南極的企鵝都已受到這麼明顯的汙染，顯示人類所了解的環境汙染只是冰山的一角，我們一定要更謹慎的管理好自己的行為。

南極冰天雪地中的豐富生命也讓我們對生命的韌性與多樣性心生敬畏，反省人類長久以來以自我為中心的思考方式，是不是太淺薄又狹窄了？

而南極的富源，如在盛產期的時候，單一物種生物量是全世界所有生物中最大的南極蝦；全世界蘊藏量最大的淡水資源；各種奇特生物中可以作為人類對抗疾病、細菌、病毒的天然化合物成分；甚至未來極地旅遊的觀光產業，都是可能在我們未來的科學研究和國家發展上扮演重要的角色。

不過，這一趟史無前例的「南極長征」，真正給我們啟發的是：政治家的開闊，讓國家有無限可能；科學家的堅持，讓知識不斷延伸；研究者的努力，讓夢想變成真實；而每一個人心中深藏的人文情懷，則能讓無情的冰雪、艱困的旅程、危險的任務，都變成浪漫、豐富而美好的旅程。

Knowledge系列 002

零下任務——臺灣科學界第一次南極長征

撰　　文——方力行、郭富雯、林家興、宋秉鈞、王琳麒
林嘉瑋、何宣慶、張祐嘉、王自磐
文字整理——蔡盈珠
圖片攝影——郭富雯、林家興、林嘉瑋、何宣慶、張祐嘉
主　　編——顏少鵬
特約編輯——蔡盈珠
美術設計——翁　翁・不倒翁視覺創意
校　　對——李玉霜
責任企劃——曾睦涵
總 編 輯——李采洪
發 行 人——趙政岷
出 版 者——時報文化出版企業股份有限公司
10803台北市和平西路三段二四〇號三樓
發行專線—（〇二）二三〇六—六八四二
讀者服務專線—〇八〇〇—二三一—七〇五
讀者服務傳真—（〇二）二三〇四—六八五八
郵撥—一九三四四七二四時報文化出版公司
信箱—台北郵政七九～九九信箱
時報悅讀網——http://www.readingtimes.com.tw
電子郵箱——newstudy@readingtimes.com.tw
時報出版愛讀者粉絲團——http://www.facebook.com/readingtimes.2
法律顧問——理律法律事務所　陳長文律師、李念祖律師
印　　刷——詠豐印刷有限公司
初版一刷——二〇一二年三月三十日
初版三刷——二〇一八年九月十日
定　　價——新台幣三〇〇元

時報文化出版公司成立於一九七五年，
並於一九九九年股票上櫃公開發行，於二〇〇八年脫離中時集團非屬旺中，
以「尊重智慧與創意的文化事業」為信念。

零下任務：臺灣科學界第一次南極長征 / 方力行, 郭富雯等著. -- 初版. -- 臺北市：時報文化, 2012.03
面；　公分. -- (Knowledge系列；2)
ISBN 978-957-13-5550-4(平裝)

1.地理考察 2.科學技術 3.南極

779　　　　　101005241

ISBN: 978-957-13-5550-4
Printed in Taiwan

一窺海生館神秘的心臟地帶

海角祕境 生態行

NATIONAL MUSEUM OF MARINE BIOLOGY & AQUARIUM

國立海洋生物博物館

本活動由專業解說員帶領，提供一般來賓參觀本館水族實驗中心、館藏標本室及溼地公園，一窺海生館實際運作的心臟地帶及技術層面，激發學員對海洋生物的興趣，體驗不同風貌的海生館。

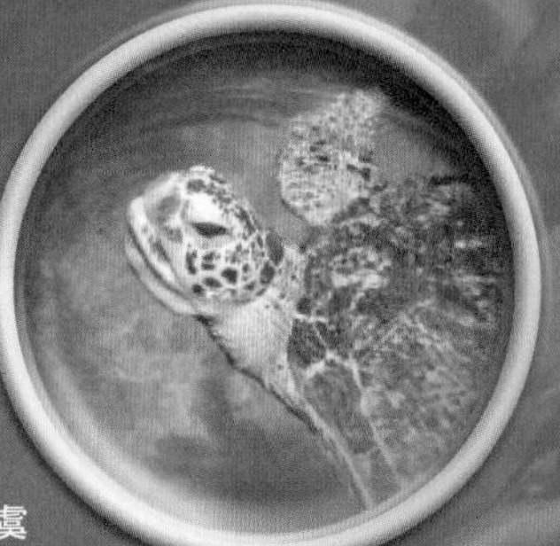

● 水族實驗中心

本中心係為確保水族生物展示之更新與來源不虞匱乏，並培訓生物飼養、管理人才，及累積經營管理者之實務經驗而建立，可說是本館運作之心臟地帶。本中心主要區域如下：

（一）珊瑚農場

本館利用自行研發之繁殖技術，大量培育各種珊瑚，並取得多項培育專利及相關藥物研究。另特別以珊瑚水桌方式呈現，讓學員可以近距離仔細觀察珊瑚的構造與多彩的珊瑚礁生態相。

（二）仙后水母養殖區

仙后水母能藉由共生藻的光合作用生存，同時也捕捉浮游動物作為蛋白質來源，是本館最早人工繁殖成功的水母種類之一。在專業解說員的帶領下，讓學員能安全地親身體驗與水母親密接觸，令人感到無比驚艷！

（三）海龜收容中心

為本館執行保育類水生動物救傷與收容業務的主要區域之一，負責海龜的收容照顧及健康管理。收容池外牆以海龜生態壁畫與解說看板豐富教育資源，讓解說教學更加生動亦富趣味性。

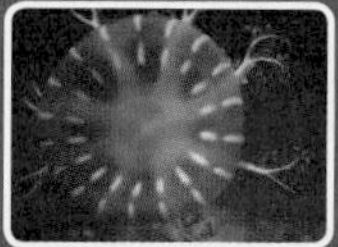

（四）其它養殖區域

烏賊養殖缸、熱帶魚產房、浮游生物培育區等等……

●館藏標本室

▲學員對標本展現濃厚興趣。

本館典藏標本室收藏各類海洋物種，包括龍宮貝、皇帶魚、巨口鯊等罕見生物標本，係以專業標本製作技術保留生物的原始風貌，期能透過標本讓來賓更加認識各類海洋生物的型態。除能近距離一窺平日難得一見之各式海洋生物，並可藉由解說員講解基礎生物知識，及分享製作標本過程中各種酸甜苦辣的有趣故事，加深學習印象。另外，本館特別展示利用X光攝影技術，所擷取之生物圖像，為本館的海洋生物科普教育，開拓另一嶄新視野。

▲標本室內豐富的展示標本，琳瑯滿目。

▲解說員帶領學員至標本室參觀。

●溼地公園

▲溼地公園設有規劃完善之木棧道與涼亭，供學員步行歇息。

本館為保留當地自然原生生態環境所營造的人工溼地公園，除了能讓蒞臨的遊客有個觀賞溼地生物生態行為的機會，也提供戶外教學、教育展示，及生物棲息的場所與空間。另一個非常重要的功能，就是淨化海生館生活與養殖的廢水。將本館處理後之生活廢水，及水族中心養殖池所排出之海水再利用，構成淡水草澤溼地、擬河口泥灘地、紅樹林、半淡鹹水池及海水生態池等多樣性的溼地生態相。陸域部份則以海岸林植被進行復育，期望經過時間之演替能形成一生物多樣的創造型人工溼地。

▲色彩繽紛的紅腹鹿子蛾

▲紅樹林植物—海茄冬

使用期限： 102 年6月30日

【注意事項】

1.憑此體驗券可享：「兩人同行，一人免費」之優惠。
2.參觀地點為海生館後場（不包括展館）：水族中心、館藏標本室、溼地公園。（本館保留依天候和實際狀況調整參觀地點之權利）
3.使用本體驗券需先完成報名程序，請上網至海生館首頁，點選右側「科教活動報名」或至科教平台：act.nmmba.gov.tw進入「科教活動」，搜尋「海high人生-海角祕境生態行」活動，選擇欲報名之梯次即可。若團體參加人數達10人以上，請逕電洽科教組預約日期。（詳細活動及報名規則以網路公告為主）
4.網路報名時，請附註體驗券張數。
5.活動全程約2小時，均有導覽人員提供導覽服務。
6.請勿攜帶寵物、危險物品進入館區。

944屏東縣車城鄉後灣村後灣路2號 / 電話08-8825001*5502 / 傳真：08-8825063

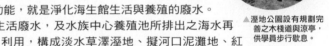